Mallarmé

Du même auteur

La Leçon d'Althusser, Gallimard, 1974.
La Nuit des prolétaires. Archives du rêve ouvrier, Fayard, 1981.
Le Philosophe et ses pauvres, Fayard, 1983.
Le Maître ignorant. Cinq leçons sur l'émancipation intellectuelle, Fayard, 1987.
Aux bords du politique, Osiris, 1990.
Courts Voyages au pays du peuple, Le Seuil, 1990.
Les Noms de l'histoire. Essai de poétique du savoir, Le Seuil, 1992.
La Mésentente. Politique et philosophie, Galilée, 1995.
Politicas da escrita, Rio de Janeiro, Editora 34, 1995.

Jacques Rancière enseigne la politique et l'esthétique au département de philosophie de l'université Paris-VIII (Vincennes/ Saint-Denis).

———

Photo de couverture : Despatin/Gobeli
Conception graphique : Atalante/Paris

COUP
DOUBLE

Jacques Rancière

Mallarmé

La politique de la sirène

Fayard

Pour Danielle.

Avant-propos

Certains noms projettent une ombre qui les dévore. Ainsi le nom de poète, enseveli sous les nuées de la rêverie, les plumes d'oiseaux célestes et les orages de la passion. Et certains noms de poètes semblent épaissir encore ces ténèbres. Au nom de Mallarmé s'associe obstinément une double image : celle d'une poésie portée à une quintessence voisine du silence des espaces infinis ; celle d'une obscurité proche de la nuit impénétrable. Mallarmé figure par excellence le poète de l'obscurité. Ses poèmes et ses proses même opposent le réseau serré de leurs mailles à l'œil habitué à lire d'avance sur les mots d'une ligne le sens de la suivante. À cette obscurité du texte répond la figure du poète insomniaque et stérile, aux prises avec le vierge papier et avec le néant rencontré en creusant le vers. Des lettres où le jeune homme avoue son ambition folle et son impasse radicale au testament du poète recommandant de brûler l'amas vain des notes destinées au grand-œuvre du Livre, on trace aisément la ligne droite d'un affrontement avec la nuit de l'absolu dont la plaquette posthume de poèmes obscurs livrerait les débris.

Les pages qui suivent voudraient aider à débrouiller cette nuit, à dégager de l'ombre portée des mots de poète et d'obscurité la difficulté propre de Mallarmé. Pour saisir cette difficulté, il faut la séparer des notions qui la travestissent, celle de secret d'abord. L'idée de secret suppose que la vérité est cachée quelque part derrière la surface que l'œil et l'esprit appréhendent. La révélation de cette vérité s'effectue alors selon deux logiques inverses et complémentaires : trouver l'extraordinaire sous l'ordinaire ou l'ordinaire sous l'extraordinaire : le message spirituel dissimulé par le dessin visible des images ou, à l'inverse, le secret intime d'un corps sexué caché sous la pompe des pensées et des mots. Ainsi se livre une double « clef » de Mallarmé. La première attribue la difficulté de l'œuvre au dessein hermétique de dire et de cacher en même temps les secrets de quelque gnose ou kabbale, selon l'esprit d'une époque avide de grands secrets initiatiques. L'avantage de l'explication hermétique est de se dérober à la preuve. La gnose, par définition, cache aux curieux les voies par où elle chemine. Et si le corps de doctrine est introuvable, on pourra toujours, comme tel interprète, alléguer le témoin qui tient de son père le récit de longues et mystérieuses conversations nocturnes avec le poète de la nuit [1]. L'explication inverse a l'avantage ou l'inconvénient symétrique : la matière ne lui manque jamais. Et, assurément, Étienne Mallarmé, dit Stéphane, fut un homme anxieux, insomniaque, qui héritait d'une histoire familiale compliquée et eut « des problèmes » avec les femmes. C'était aussi un homme facétieux qui s'est certainement amusé à l'équivoque de tel poème où le lecteur, à sa guise, lira une allégorie métaphysique ou le récit d'une escapade extra-conjugale[2]. Reste que des millions de personnes ont eu de tels problèmes et n'ont pas laissé de vers, ou pas les siens. Reste surtout la règle fondamentale de la poétique mallarméenne : que le poème ne vaut qu'à la condition de tenir de lui seul sa lumière comme sa nuit. Ce n'est sans doute pas pour rien que Mallarmé en a placé l'énoncé juste avant deux poèmes délibérément équivoques :

> Une dentelle s'abolit
> Dans le doute du Jeu suprême
> À n'entrouvrir comme un blasphème
> Qu'absence éternelle de lit[3].

Le jeu ou le « blasphème » poétique, la manière dont la dentelle du vers manifeste et soustrait son objet, dénie tout secret, sublime ou coquin. La suite du poème nous le dit : c'est du seul ventre de la mandore que « filial on aurait pu naître ». Le poème et sa « difficulté » naissent du dispositif poétique et de lui seul. Disposer dans les mêmes lignes la virtualité de plusieurs lectures, plus ou moins triviales ou allégoriques, est le fait d'une poétique qu'il s'agit de comprendre. Mallarmé n'est pas un auteur hermétique, c'est un auteur difficile. Difficile est tout auteur qui dispose les mots de sa pensée de telle manière qu'ils rompent le cercle ordinaire du banal et du caché, qui constitue ce que Mallarmé appelle « l'universel reportage ». Tout auteur intéressant, en ce sens, est difficile, selon des modalités différentes.

Accéder à la difficulté de Mallarmé suppose qu'on traverse encore une autre manière de penser sa nuit. Celle-ci s'y trouve identifiée, par-delà toute banalité de secret, à une expérience radicale du langage et de la pensée. Maurice Blanchot a donné ses lettres de noblesse à cette interprétation qui fait de l'écrivain le héros d'une aventure spirituelle [4]. Dans la nuit de l'écriture, l'intention de l'œuvre y atteint le point où elle s'expérimente comme semblable à son contraire, la pure passivité du langage. Mallarmé n'a-t-il pas consigné dans le conte d'*Igitur* l'équivalence de deux expériences : celle de l'écriture et celle du suicide ? Le paradoxe du suicide est de vouloir une mort et d'en rencontrer une autre : la mort anonyme indéfinie, sans rapport avec personne, qui abolit tout pouvoir et tout vouloir, à commencer par celui même « d'en finir ». L'authenticité de l'écriture serait de rendre compte de l'expérience parallèle d'une activité de langage qui n'est possible que du point même où elle rencontre la pure passivité d'un langage qui ne dit plus rien mais se contente d'être. Mallarmé serait un témoin privilégié de cette expérience d'écrire, de ce jeu insensé qui veut faire un pouvoir de l'impuissance, de la passivité essentielle qui dissout par avance tout pouvoir. Privilégié et tricheur en même temps, cherchant à sortir de la nuit, à faire de son conte de suicide et de nuit le remède homéopathique guérissant l'impuissance à écrire.

Mais penser ainsi la nuit du poème, c'est, de fait, proposer à Mallarmé un singulier dilemme entre le témoignage de l'impuissance véridique et la tricherie de l'écrit infidèle à sa source nocturne. C'est faire encore de l'écrivain un témoin et ramener la difficulté de son écriture à l'authenticité d'une expérience d'impuissance et de ténèbres. Mallarmé, pour sa part, a clairement séparé écriture et témoignage. Il a écrit le conte d'*Igitur* pour « guérir » et pouvoir redevenir un « littérateur pur et simple [5] ». Et c'est peut-être trop que de dire qu'il l'a écrit, puisqu'il l'a laissé inachevé et n'en a jamais rien proposé pour aucune publication. Il est temps de cesser de lire Mallarmé à travers les témoignages des rêves et des échecs de ses vingt-cinq ans, ou à travers le projet anéanti du Livre. Il est temps de le libérer de ce dont il s'est appliqué à se libérer. Mallarmé n'est pas le penseur silencieux et nocturne du poème trop pur pour être jamais écrit. Il n'est pas l'artiste vivant dans la tour d'ivoire de l'esthète en mal d'essences rares et de mots inouïs. Son ami Huysmans peut se complaire à la pauvre bimbeloterie dont il décore l'intérieur de son héros, Des Esseintes. Ses pages d'esthète sont bien fades, comparées à telle page éblouissante que Mallarmé consacre à décrire objets d'ameublement, robes ou festivités frivoles à l'usage des lectrices de *La Dernière Mode*. À la transcription du grand drame de l'absolu, Mallarmé a visiblement préféré le regard attentif à saisir la splendeur d'un objet décoratif, d'un froissement de robe ou d'un spectacle de foire. Il s'est plu à la tâche « alimentaire » de rendre compte des Expositions universelles comme au spectacle des pantomimes et des feux d'artifice ou au rêve de rénover le mélodrame populaire. Il a été le lecteur de Zola, tour à tour ébloui par la puissance du romancier, opposant résolu à la poétique naturaliste, admiratif devant le courage civique du défenseur de Dreyfus. Il a été le contemporain d'une république fêtant son centenaire et cherchant les formes d'un culte civique remplaçant la pompe des religions et des rois. Il a entendu et cherché à comprendre le bruit des bombes anarchistes. Il a été un auditeur enthousiaste des concerts Lamoureux ou Colonne destinés, entre autres, à élargir l'éducation des masses et à promouvoir un peuple musicien ; un témoin attentif de la révolution wagnérienne et de la manière dont une idée de la communauté s'y liait à une idée de la musique et du théâtre.

Sur le sens de « l'association terrestre », sur les rapports que son temps nouait entre la politique, l'économie, l'art et la religion, Mallarmé a ainsi été un témoin et un analyste dont la lucidité ne trouve guère de répondant chez les professionnels de la pensée. Si l'écriture de Mallarmé est difficile, c'est qu'elle obéit à une poétique exigeante qui répond elle-même à une conscience aiguë de la complexité d'un moment historique et de la manière dont les « crises de vers » s'y nouaient à la « crise idéale » et à la « crise sociale ». Il n'a pas écrit distraitement que « le rapport social et sa mesure momentanée qu'on la serre ou l'allonge, en vue de gouverner », était « une fiction, laquelle relève des belles lettres [6] ». S'il condense une proposition en un mot ou, à l'inverse, multiplie les incises qui accrochent à une idée ses connexions et à une image ses analogies diverses, c'est parce que le poème, lui aussi, doit se resserrer ou s'allonger pour jouer dans cette complexité du temps le rôle qui lui revient. À partir de là, il est possible de comprendre les déplacements, les abréviations ou les détours que Mallarmé a cru nécessaires de mettre dans l'usage commun de la langue, d'aborder, en somme, la simple difficulté de son œuvre.

L'écume du vers

En quoi consistent l'inintelligibilité alléguée et l'intelligence effective du poème mallarméen ? Partons d'un poème spécifiquement accusé d'obscurité. En 1897, dans *Qu'est-ce que l'art ?*, Tolstoï cite en exemple de l'incompréhensible poésie décadente le sonnet suivant :

> À la nue accablante tu
> Basse de basalte et de laves
> À même les échos esclaves
> Par une trompe sans vertu
>
> Quel sépulcral naufrage (tu
> Le sais, écume, mais y baves)
> Suprême une entre les épaves
> Abolit le mât dévêtu
>
> Ou cela que furibond faute
> De quelque perdition haute
> Tout l'abîme vain éployé

Dans le si blanc cheveu qui traîne
Avarement aura noyé
Le flanc enfant d'une sirène [7].

Que faire de ces quatorze octosyllabes qui déploient une phrase unique sans ponctuation sinon celle qui, dans la parenthèse, isole un mot : « écume » ? Par où prendre cet objet fuyant comme la sirène qui l'achève et semble le parapher ? Contre une intelligence immédiate des vers étalés sous le regard, Mallarmé a mis, de fait, un singulier rempart : non pas la muraille de mots hermétiques, mais au contraire la ligne souple de la phrase qui se dérobe. *La Musique et les Lettres* énonce la loi de cette ligne mobile qui relie les figures surgissant aux intersections du poème : « La totale arabesque, qui les relie, a de vertigineuses sautes en un effroi que reconnue [8]. » L'arabesque écarte l'illusion que le poème consiste à décrire, pour les faire reconnaître, une personne ou une histoire, un objet ou un sentiment. Elle sépare la disposition de ses lignes de celle qui caractérise le journal : la feuille « à même » recevant la coulée d'encre qui se veut strict reportage des faits tels que chacun peut les constater et les communiquer à d'autres à la manière dont on ferait passer dans leur main une pièce de monnaie à valeur constante. L'arabesque soustrait le poème à cette circulation, mais à une stricte condition. Le « mystère » qu'elle institue n'est aucun vague où se dissoudrait toute signification. La ligne mallarméenne n'est pas vague, le poème n'est ni la traduction d'un état d'âme indéfinissable ni un jeu polysémique avec la langue. L'arabesque a son nombre et sa logique propres. Et ce qui se substitue chez Mallarmé au récit a nom hypothèse. « Tout se passe, par raccourci, en hypothèse[9] » : cette indication donnée au lecteur du *Coup de dés* vaut *a fortiori* pour ce sonnet, qui en est comme le résumé. Lire le poème, c'est reconstituer non pas l'histoire mais la virtualité d'histoire, le choix entre des hypothèses qu'il nous propose.

Quel est ce jeu d'hypothèses ? La raréfaction du langage poétique ramené à son « rythme essentiel » nous donne non pas les clés de l'énigme mais les articulations syntaxiques du problème. La phrase unique tourne en effet sur un double pivot syntaxique : les uniques virgules qui isolent le mot *écume* et le « ou cela que » qui met en balance les deux termes d'une alternative. Pivot de l'intelligibilité préservée du poème, l'écume sait seule ce qu'elle recèle. Première hypothèse : elle est le témoin d'un drame majeur, la trace d'un « sépulcral naufrage » qui a englouti un navire jusqu'à sa dernière – sa « suprême une » – épave, le mât. Ou bien, seconde hypothèse, son agitation ne témoigne que des ébats d'un être marin de fiction, une sirène. Mais cette opposition du grand drame et de la pantomime légère se double d'une autre alternative quant au rapport entre l'événement et son retentissement en son lieu. Première hypothèse : le grand drame est passé inaperçu, il est resté « tu », son appel – sa trompe – a été sans vertu pour troubler l'indifférence du lieu où il est advenu : lieu des nuages noirs comme du basalte et des échos esclaves, environnement naturellement impropre à la visibilité et à l'écoute du drame. Seconde hypothèse : le grand drame spectaculaire (la perdition haute) est au contraire ce que le monde environnant (l'abîme vain des flots) attendait et qui lui a été refusé. Comme en maint conte, l'être fabuleux – ici la sirène – n'a laissé à l'amateur d'aventures qu'une trace ironique de son apparition éphémère et trompeuse : ce blanc cheveu de fée à quoi s'assimile alors la ligne blanche de l'écume.

L'alternative s'éclaircit ainsi. Mais de quelle clarté ? Manifestement, le poème ne nous décrit pas les impressions indécises d'un observateur braquant sa longue-vue sur un tumulte de vagues. Mallarmé n'a pas d'intérêt particulier pour les scènes et les histoires marines. Assurément il a grandi dans l'admiration du Victor Hugo d'*Oceano Nox* et du Vigny de *La Bouteille à la mer* et l'on ne comprendra guère ce poème, et moins encore le *Coup de dés,* si on l'oublie. Assurément, il a été le disciple fervent de Baudelaire, le poète du *Voyage* et des *Phares.* Il est le contemporain d'Hérédia, le chantre des chercheurs d'or penchés à l'avant des blanches caravelles. Et la constellation que le coup de dés fait briller sur la surface « vacante et supérieure » est aussi un souvenir des « étoiles nouvelles » que ces navigateurs voyaient monter du fond de l'Océan. Mallarmé fait ce que font ordinairement les poètes – ceux du moins qui savent à quoi s'en tenir sur les vieilles lunes de « l'inspiration » : il refait à sa manière les poèmes des aînés. Mais l'opposition même des jeux de la sirène enfant et du sépulcral naufrage nous le dit : il est d'une autre époque, son art relève d'une autre cosmologie que la leur. Il n'est plus le contemporain des peintres de batailles et de naufrages. Il est le contemporain de Monet et de Renoir, leur « sujet » même : un canotier pour qui le battement de l'aviron au ras de la rivière et la lumière tremblante sur la trace de la rame remplacent la « gloire du soleil sur la mer violette » et les grands drames d'affrontement de l'homme intrépide et de la nature déchaînée. Il nous le dit en un texte illustre : « La nature a lieu, on n'y ajoutera pas[10]. » Et aux abonnées – trop peu nombreuses – de *La Dernière Mode*, il en donne la preuve : la « moderne image de l'insuffisance » de la nature pour nous est attestée par la manière même dont les vacanciers la traversent « à toute vapeur » pour aller, en bout de ligne, s'asseoir simplement en face de l'Océan « regarder ce qu'il y a au-delà de notre séjour, c'est-à-dire l'infini et rien[11] ». Le temps de la nature et de ses poètes est fini. Et les dandys qui, du maître Baudelaire à l'ami Huysmans, cultivent à sa place les fleurs de l'antinature restent à mi-chemin. Au-delà de la nature, il y a les chemins de fer. Au bout des chemins de fer, il y a ce qui succède à la nature comme objet de pensée et d'écriture, la ligne par où la mer « se disjoint, proprement, de la nature[12] » : une simple ligne d'horizon qui est l'infini et rien, l'infini ou rien. Ce dont nous parle l'écume du poème, c'est cela même : la mince ligne de jonction et de disjonction entre l'infini et rien.

Le blanc souci

Pour nous permettre de l'entendre, Mallarmé nous donne un autre indice. Le livre de vers, tel qu'il l'entend, doit éliminer le hasard et « omettre l'auteur ». Il n'est pas l'album qui recueille les confidences et les impressions du poète. Il a une architecture où les motifs doivent s'équilibrer, balancés à distance, pour concourir au rythme total : « Un sujet, fatal, implique, parmi les morceaux ensemble, tel accord quant à la place, dans le volume, qui correspond[13]. » Or, dans l'édition minutieusement préparée de ses *Poésies,* Mallarmé a introduit notre poème à l'avant-dernière place, juste avant celui qui déclare le livre refermé, au prix d'un calembour (« Mes bouquins refermés sur le nom de Paphos »). Il y a donc toute chance pour que notre poème soit un baisser de rideau qui trouve son répondant dans le lever de rideau initial : un sonnet semblablement octosyllabique, une autre histoire d'écume, de navigation et de sirènes, beaucoup plus immédiatement intelligible, qui porte le titre de « Salut » :

> Rien, cette écume, vierge vers
> À ne désigner que la coupe
> Telle loin se noie une troupe
> De sirènes mainte à l'envers.

Nous naviguons, ô mes divers
Amis, moi déjà sur la poupe
Vous l'avant fastueux qui coupe
Le flot de foudres et d'hivers ;

Une ivresse belle m'engage
Sans craindre même son tangage
De porter debout ce salut

Solitude, récif, étoile
À n'importe ce qui valut
Le blanc souci de notre toile [14].

Rien ici qui porte au casse-tête. Le poème qui s'appelait d'abord « Toast » a été composé initialement pour un banquet de la *Revue indépendante*. Aussi le rangerait-on volontiers dans ces « Vers de circonstance » soigneusement séparés du grand-œuvre. Mallarmé pourtant a jugé que sa place était là, sans craindre même d'exposer au frontispice de l'œuvre l'indiscrète cheville de ces « divers » amis qui rime, vaille que vaille, avec « le flot de foudres et d'hivers ». Sans façons, le poète lève son verre à l'aventure de la revue qui regroupe les poètes symbolistes et décadents. Sans détours, il compare leur entreprise à la course d'une nef emmenant de nouveaux Argonautes vers leur trésor, toison d'or ou cheveu de sirène. Il condense dans la métaphore d'une même « toile » blanche la page d'écriture, la surface du tableau et la voile du navire. Et, de ce toast amical de circonstance, il fait l'ouverture du livre assemblant trente ans de ses poèmes dans le même salut à « n'importe ce qui valut » : un

« n'importe quoi » apparemment désinvolte, mais en réalité parfaitement déterminé puisque s'y résument : la traversée solitaire qui se détourne du commerce ordinaire des mots, le récif naufrageur, et l'étoile que le naufragé parvient à inscrire sur la surface « vacante et supérieure ».

En un sens donc, ce « Salut » explicite ce qui est en jeu dans l'obscure affaire de nue, de sépulcral naufrage et de flanc enfant qui nous intéresse. Au terme du livre, l'interrogation ultime répond à l'affirmation initiale. Le navire peut-être englouti est celui dont « l'avant fastueux » avait été lancé à travers « le flot de foudres et d'hivers ». La sirène peut-être seule disparue dans « l'abîme vain » est sœur de la « troupe de sirènes » initialement saluée. C'est de l'acte poétique qu'il est, ici comme là, question. De l'acte poétique et des chances de son accomplissement dans son environnement présent : flot de foudres et d'hivers, nue basse de basalte et de laves, échos esclaves, abîme vain. Toutes ces métaphores se rencontrent fréquemment chez Mallarmé pour désigner le temps et l'espace où s'effectue « l'action restreinte » du poème : hiver ou « tunnel » d'une époque de transition ou d'interrègne où le poète ne saurait se faire entendre d'une foule encore à venir ; nuée basse ou « voile basaltique du banal[15] » par lequel l'ordinaire du journal ou du spectacle comble d'« éléments de médiocre » puisés dans une notion économique du public l'« abîme vain » ou le « gouffre de vaine faim » qui se creuse dans ce même public, obscurément conscient de sa grandeur latente et avide de tout ce qui peut nourrir, fût-ce de substituts, l'« ouverture de gueule de la Chimère méconnue et frustrée à grand soin par l'arrangement social[16] ».

Nous pouvons donc reformuler les hypothèses initiales en termes de bilan du livre. Première hypothèse : peut-être l'orgueilleuse nef poétique à la poursuite de son or ou de son étoile chimériques, s'est-elle fracassée contre le récif de son ambition même, dans la mer d'indifférence de l'époque et du public, grand naufrage resté ignoré des échos esclaves des gazettes. Seconde hypothèse : peut-être la partie s'est-elle jouée différemment. L'abîme vain de l'époque et du public n'est aucunement indifférent à la grandeur des « perditions hautes ». Frustré par les médiocrités de l'arrangement social, il aspire à ces perditions de la chimère d'or – de la chimère d'un règne à venir succédant au règne simplement monétaire de l'or contre lequel s'échangent les marchandises. Il les dévore là où il les trouve : les raffinés au spectacle du « crépuscule des dieux » tel qu'il se joue dans le temple wagnérien, les bourgeois dans les tragédies à l'antique de Ponsard, la plèbe à l'ordinaire du mélodrame. La fureur de cet « ouragan jaloux[17] » ou de cette « émeute affamée[18] » de grandeur ne peut qu'enfouir en son ventre dévorant la frêle sirène du poème nouveau. Mais cet enfouissement même peut s'entendre de deux manières opposées. Il peut être l'assimilation et le travestissement du poème nouveau par le monstre prêt à se parer de cela même qui le nie. Il peut être, à l'inverse, la dérobade par laquelle la sirène du poème nouveau se dissimule dans le ventre même du monstre. Le poème mallarméen est comme le *logos* vivant platonicien. Il lui importe de choisir ceux auxquels il convient ou ne convient pas de parler. C'est lui et non point l'Océan qui est avare, quitte à réserver une richesse future pour tous. Ce n'est pas l'abîme qui a noyé la sirène, pour deux raisons dont chacune est suffisante : premièrement, les sirènes, à la différence des bateaux, ne se noient pas dans l'eau. Au contraire, elles s'y enfoncent pour se dérober au danger ; deuxièmement, et plus radicalement, les sirènes n'existent pas, sinon dans les écrits des poètes. Chez Homère, elles étaient des êtres de fiction, des puissances trompeuses dont les chants entraînaient les navigateurs à l'abîme, s'ils ne se donnaient pas les moyens de ne pas les entendre. Mallarmé les transforme en emblèmes du poème lui-même, puissances d'un chant qui sait en même temps se faire entendre et se transformer en silence. La sirène n'est plus un être trompeur de fiction, elle est l'acte, le suspens même de la fiction : la transformation du récit en hypothèse évanouissante. Et c'est cette transformation que scande le poème. Le jeu des hypothèses est aussi une opération de substitution. Le « mât dévêtu », c'est à la fois celui où Ulysse se faisait attacher pour résister au chant des sirènes et celui auquel il s'accrochait dans la tempête pour aborder au rivage des Phéaciens. Le poème échappe à l'abîme qui l'attend parce qu'il a modifié le mode même de la fiction, substitué à la grande épopée odysséenne le chant d'une sirène évanouissante. Ce que la sirène métaphorise, ce que le poème effectue, c'est alors très précisément l'événement et le risque calculés du poème dans une époque et un « milieu mental » non encore prêts à les accueillir. L'argument de ce poème est très strictement prescrit dans l'interrogation qui conclut « L'action restreinte ». À l'ami qui veut « agir », le poète demande s'il ne vaut pas mieux, plutôt que de risquer « sur un état à tout le moins incomplet environnant, certaines conclusions d'art extrêmes [...] les jouer, mais et par un triomphal renversement, avec l'injonction tacite que rien, palpitant en le flanc inscient de l'heure, aux pages montré, clair, évident, ne la trouve prête[19] ». Le mouvement de notre sonnet résume ainsi l'aventure du poème nouveau, sa transformation interne, mais aussi son jeu même avec le lieu où il se produit. Quelque chose, en somme, comme une fable avec sa moralité, transposant la vieille fable du chêne orgueilleux vaincu par la tempête et du frêle roseau qui sait l'art d'esquiver sa fureur.

La poétique du mystère

Dira-t-on alors qu'à la nue accablante de l'arabesque entortillée a succédé l'assez plate lumière de la métaphore ordinaire, qui fait du poème un esquif flottant sur la vaste mer des âges ou une sirène habile à montrer aux sens et à dissimuler à l'intelligence les tours de sa séduction ? Assurément, le poème mallarméen exploite un lot fini d'images et de métaphores du poème dont plus d'une se perd dans la nuit des temps : risque et solitude de l'œuvre lancée à la fortune des flots, chœurs célestes et cygnes aux ailes captives, aurores roses et couchants figés dans la pourpre et le sang, nuits hésitant entre le froid des chambres vides, la pâleur d'une lampe et l'éclat incertain des étoiles. Le matériel est, en bonne partie, ancien et, de même, les manières dont il sert de symbole. Reste à savoir ce que « matériel » veut dire et en quoi consiste au juste l'acte de symboliser. Nous avons défini une traduction des hypothèses initiales du poème. Mais qu'avons-nous fait exactement par là ? Dit ce que le poème « veut dire » ? Mais c'est dans l'idée même du « vouloir dire » que se joue la singularité de l'entreprise qui a associé au nom propre de Mallarmé le nom générique du « symbolisme ». Pas plus qu'à décrire des impressions marines, Mallarmé n'est intéressé à communiquer par leur intermédiaire des pensées générales sur les destinées humaines. Qu'est-ce donc pour lui que la poésie ? En réponse à un questionneur pressant, il a une fois « balbutié, meurtri », la définition suivante : « La poésie est l'expression par le langage humain ramené à son rythme essentiel du sens mystérieux des aspects de l'existence[20]. » La définition, ici encore, ne porte pas au casse-tête. Seulement au contresens. Rien de plus vague, à première vue, que ce « sens mystérieux des aspects de l'existence » – cette écume, en somme – à l'expression duquel est voué le rythme du poème mallarméen. Tout le problème est de voir, à l'inverse, que toutes ces notions sont, chez Mallarmé, parfaitement articulées.

Les termes du mystère

Qu'est-ce donc que ce mystère ? Définissons d'abord son lieu, soit, très précisément, ce qui a lieu « au-delà » de la nature. Au-delà de la nature, le siècle de Mallarmé l'a répété à tue-tête, il y a l'esprit. L'ennui de cette réponse est qu'elle est tautologique ; l'« esprit » n'a pas d'autre contenu que cela : l'« au-delà de la nature », où chacun, à son idée, loge son dieu. Aussi bien, pour le déterminer, faut-il une idée de la nature. Qu'est-ce exactement que la nature ? Derrière son « acception courante de feuillage », qui rend tangible son idée, la nature peut se résumer en la « formule absolue » selon laquelle « n'est que ce qui est [21] ». Qu'est-ce donc qui « a lieu » au-delà de la nécessité d'être de ce qui est ? Logiquement, l'être de ce qui peut ne pas être. Celui-ci, simplement a deux figures : il peut être l'illusion ou le malheur de ce qui n'a pas de raison d'être ; il peut être, à l'inverse, la gloire de ce qui retourne cette contingence en puissance inouïe d'affirmation. Anticipant quelques philosophes du siècle à venir, Mallarmé résume cet au-delà de l'être en deux mots : existence et séjour. Ainsi se prolonge en tâche la définition de la poésie : « Elle doue ainsi d'authenticité notre séjour et constitue la seule tâche spirituelle [22]. »

On appellera *esprit,* en première analyse, ce qui consacre le lieu de l'existence, dans son immanence, comme monde ou séjour de l'homme. On appellera *mystère* le système de rapports entre les aspects de l'existence propre à cette consécration. La tâche poétique est la tâche spirituelle la plus haute parce qu'elle fixe le système des aspects qui consacre un séjour.

Qu'est-ce maintenant qu'un aspect ? Commençons par dire ce qu'il n'est pas, à savoir un modèle. Au temps de la nature et de sa représentation, il y avait des modèles que l'on imitait pour donner au spectateur ou au lecteur le plaisir de la reconnaissance. Mais il y a deux sortes de modèles : il y a les personnages qu'on reconnaît semblables à l'expérience de ce que nous sommes et de ce que sont nos proches ; et il y a les archétypes, les formes essentielles qui sont non point tel ou tel guerrier courageux, homme de devoir ou femme belle, mais le type qui résume chacune de ces vertus ou excellences. Ces modèles ont eux-mêmes un modèle vénérable : l'idée ou forme, l'*eidos* platonicien qui donnait à toute réalité humaine – justice de la cité ou lit du menuisier, beauté ou pou – le modèle divin qu'elle essayait imparfaitement d'imiter. Au-dessus de ces Idées se tenait, chez Platon, la fin dernière, l'Idée du Bien, lumière éclairant le monde intelligible à la manière dont le soleil éclaire le monde sensible.

C'est cela qui a disparu. La crise anecdotique du vénérable alexandrin renvoie à l'évanouissement plus sérieux de ce ciel des Idées. Il n'y a plus de « suprême moule », d'« aucun objet qui existe », plus de « numérateur divin de notre apothéose ». Le poète n'a plus de modèle, céleste ou humain, à imiter. C'est désormais par la « seule dialectique du vers » qu'il pourra aviver le sceau de l'idée, en groupant selon un rythme essentiel « tous gisements épars, ignorés et flottants [23] ». À la place du soleil pulvérisé, il y a, précisément, sa poussière : cheveu d'écume, paillettes de clown, frange d'or de la lumière sur un rideau de scène, chevelure de femme qui est vol de flamme. À la place des modèles à copier, il y a, épars dans cette poussière, des aspects à saisir : non pas des formes de choses, mais des événements, des instantanés d'événements-mondes, présents en tout spectacle ordinaire à condition de les *remarquer*. Mallarmé n'est pas seulement le contemporain de Monet. Il est aussi celui d'Étienne Marey et de son fusil chronophotographique qui fait voir l'invisible des temps successifs en lesquels se décompose le vol d'un oiseau ou la course d'un cheval. Mallarmé nous le dit à sa manière : dès lors que la Nature « a lieu », « tout l'acte disponible, à jamais et seulement, reste de saisir les rapports, entre temps, rares ou multipliés [24] ». Mais, évidemment, son problème n'est pas de décomposer, pour mieux les connaître ou mieux les peindre, tels ou tels phénomènes naturels. Il est de les élever à la puissance de l'artifice. Les aspects ne s'assemblent pas en l'unité recomposée de la scène connue. Ils se réordonnent, autrement configurés et rythmés, dans le mystère de l'Idée.

Ce mystère n'a rien de mystérieux. Il est précisément l'acte de ce réordonnancement. L'idée assemble des aspects – des éléments épars – pour en faire des points de vue d'un monde autre – présent-absent dans le spectacle ordinaire –, des virtualités de correspondance entre les gestes de l'homme et les formes de son séjour. On pourra appeler *types* les produits de ce travail. Le type mallarméen se sépare de ce qui est ordinairement entendu sous ce nom : il n'est ni modèle ni personnage mais « aspect essentiel » : non pas copie d'une essence, mais au contraire tracé exemplaire d'une idéalité sans modèle. Aspect essentiel, ou plutôt synthèse d'aspects, assemblant en figure des éléments séparés ou découpant dans un donné sensible une figure inédite. Pour entendre ceci, il n'y a pas à se perdre dans les profondeurs métaphysiques. L'idée nouvelle est chose toute superficielle. Momentanée surtout. Elle tient tout entière dans le tracé évanouissant d'une idéalité précaire. C'est dans les formes les plus éphémères – voire les plus populaires – de l'art que nous la rencontrerons avec le plus d'évidence. À condition de se placer au « point philosophique » où le mystère de son apparition se dessine dans l'exact entre-deux d'un geste humain et d'une figure suggérée. Ainsi, la danseuse ne représente pas une femme qui danse, pas davantage l'histoire inscrite au livret. Elle n'est pas une femme qu'on reconnaît ou qui fait reconnaître, mais « une métaphore résumant un des aspects élémentaires de notre forme, glaive, coupe, fleur, etc.[25] ». C'est cela l'« absente de tous bouquets » : non pas la fleur idéale ou l'idée de fleur, mais le tracé de cet entrechat qui flotte entre la femme et la fleur pour dessiner la forme, aussitôt dissipée, d'un calice : schème ou matrice de toute fleur, mais aussi de toute union entre l'ouverture d'une fleur et le geste d'une main qui lève la coupe d'une amitié et d'une fête.

La métaphore et le symbole, ce ne sont pas d'abord des images concrètes qui représentent des idées abstraites ou des manières d'associer les unes aux autres. La métaphore est d'abord déplacement, le symbole est étymologiquement accord, signe d'alliance. La métaphore symboliste est le geste d'un déplacement qui met ensemble, en forme de fleur virtuelle, une manière de combiner des pas et un schème de monde. La métaphore ou le symbole des temps de la représentation devaient leur vertu à leur fixité : soleil et gloire, lion et courage, aigle et majesté, serpent et ruse... Le mal absolu, l'*Art poétique* d'Horace l'avait une fois pour toutes fixé : c'était la métaphore incohérente, le beau corps de femme qui s'achève en queue de poisson. *Desinit in piscem.* C'est ce latin de pages roses du *Petit Larousse* que traduit à sa façon la fin de notre poème :

> [...]
> Avarement aura noyé
> Le flanc enfant d'une sirène.

La sirène est l'emblème de la beauté nouvelle, la belle puissance de l'artifice opposée au « beau vivant » dont le Platon du *Phèdre* avait légué le modèle à Aristote, Aristote à Horace, Horace à Boileau, Boileau à tout le monde. Ce qu'elle oppose au canon classique, ce n'est pas pourtant le monstre, l'impossible alliage de corps ou de propriétés incompatibles. La sirène n'est pas l'alliage de la femme et du poisson, elle est l'alliance aléatoire et momentanée d'un geste de la femme – entrechat de la danseuse mais aussi chevelure ou éventail déployé – et d'une forme de monde. Entre l'individu biologique et le monde physique, la métaphore déploie et replie l'accord d'un tracé évanouissant et d'une poussière d'or quelconque, substitut du soleil évanoui. Elle est le geste qui unit – qui symbolise – deux théâtres en une seule présentation. La « suggestion » et l'« allusion », ces deux maîtres mots mallarméens sont à entendre en ce sens. L'allusion, selon son étymologie, est jeu – performance de théâtre et pari sur un coup de dés. La suggestion est le mouvement de ce jeu qui porte vers un spectateur, peut-être absent au rendez-vous, l'emblème que trace la danseuse, emblème d'aucune vertu ou propriété, emblème de l'accord en général, de l'accord tracé et aussitôt effacé par des pas entre le théâtre de notre esprit et le théâtre – ou plutôt la théâtralisation – du monde. C'est cela le « mystère ». Son théâtre ne se perd en aucun vague. Il est au contraire tout d'exactitude et d'instantanéité. Simplement, cette instantanéité, pour ne pas se dissoudre dans le rien, requiert un spectateur ponctuel pour y découvrir et expliciter l'autre théâtre présent dans l'ordinaire. En termes mallarméens : un homme « au rêve habitué ».

La scène du rêve

Rêve aussi est un mot précis. Mallarmé ne parle pas pour rien de son « aile indubitable [26] », pliure intérieure du ciel évanoui des idées, qui permet de saisir en « tous gisements épars » sa poussière d'or. « Rêve » désigne, non la nuée où se perd l'âme sentimentale, mais la capacité à « comparer les aspects et leur nombre tel qu'il frôle notre négligence [27] », l'écart que remarque dans « ce qui seul est » le spectateur attentif à y discerner l'apparition disparaissante de ce qui peut être ou ne pas être. Ainsi, ce soir comme un autre, en un théâtre populaire où aucun esthète ne se fourvoie d'ordinaire. Un clown à paillettes y fait l'exhibition d'un ours dressé. Et, tout à coup, le spectacle dérape. Après un geste habile du clown, les deux pattes antérieures de l'ours se sont posées sur ses épaules. Spectacle sublime de l'animal prenant l'humaine posture pour demander au faiseur de prestiges le secret de sa puissance. L'ours dressé en point d'interrogation s'y égale à son homonyme, la constellation céleste de la Grande Ourse, apparaissant à la fin du *Coup de dés* ou du « Sonnet en -yx ». En ce « lieu absolu », se vit « un des drames de l'histoire astrale élisant, pour s'y produire, ce modeste théâtre ». La foule s'y efface « en l'emblème de sa situation spirituelle magnifiant la scène [28] ».

Le rêve est la puissance de surprendre par le regard et de marquer par la parole cet autre spectacle, « clair, plus que les tréteaux vaste [29] ». Il est le point de vue qui élit un « aspect ». Ou plutôt, c'est l'aspect qui est « point de vue » : point à partir duquel, comme le dit un autre poème réputé incompréhensible, se définit un lieu chargé de « vue » au lieu de « visions » :

> Oui, dans une île que l'air charge
> De vue et non de visions
> Toute fleur s'étalait plus large
> Sans que nous en devisions.

Telles, immenses, que chacune
Ordinairement se para
D'un lucide contour, lacune
Qui des jardins la sépara [30].

Le poème « hermétique » ne dit rien de plus que le récit de cette soirée à surprises. Le « lucide contour » qui, tel un nimbe d'or, cerne les fleurs et les sépare des jardins est l'aspect essentiel, le point de vue qui, des tréteaux ordinaires, sépare ce « spectacle clair ». L'ours redressé, devenu emblème de la foule convoquée au spectacle de sa grandeur, est identique aux cent iris appelés, dans le poème, à « surgir à ce nouveau devoir » d'être, non plus seulement des productions de la nature ou des fleurs d'ornement, mais la figure nouvelle de l'Idée : non plus la forme céleste mais le type, la fleur sensible devenue allégorie d'elle-même et emblème de l'idéalité du sensible : calice identique au nimbe qui le cerne, fleur semblable à son nom, qui est celui de l'iris, puissance limpide du regard, comme d'Iris, messagère des dieux, substitut des dieux enfuis.

Il y a bien sûr une autre « manière de voir » : celle du clown, celle du régisseur. Ceux-là rompent le charme. Tout à coup, surgit de l'intervalle du décor un autre emblème, celui de la « réalité » par excellence : un morceau de chair nue tendu à l'ours comme appât pour qu'il abandonne la proie vivante qu'il tient entre ses pattes. Car, dans la scène sublime, le personnel du théâtre n'a vu, pour sa part, qu'une scène d'effroi. Docile à l'exhibition et à la récompense ordinaires, l'ours est retombé à quatre pattes et le rideau a abattu à la suite « son journal de tarifs et de lieux communs ». Façon de voir naturelle. Reste que la façon de voir du rêveur qui a élu les aspects – les gestes de l'ours – et les a ordonnés en mystère est « supérieure, et même la vraie [31] ». La poésie est poursuite de cette vérité, de cette exacte interruption.

C'est cela le rêve, la puissance de saisir cette virtualité en toute baraque foraine d'un ciel inédit, la puissance d'égaler le type qui se dessine précairement sur une scène de hasard au théâtre intérieur, « résumé de types et d'accords » que porte en lui « quiconque d'un œil certain regarda la nature [32] ». C'est cela que le poème écrit. Témoin en est le personnage qui symbolise à la fois le rêve, le théâtre et la grandeur du poème : Hamlet. Que nous montre au juste, ce « rêveur par excellence » ? Hegel et quelques autres en ont fait le prototype du personnage romantique, celui qui ne peut rien décider ni faire, parce qu'il est le fils exemplaire des temps chrétiens, le héros qui ne peut plus trouver d'action à sa mesure en un monde déserté par le Ressuscité. Aucun de ces exégètes n'a apparemment remarqué ce fait étrange : tous les personnages de la pièce meurent par la main ou par le fait de ce personnage qui ne « fait » rien. C'est qu'Hamlet incarne « le mal même d'apparaître », l'ombre devant laquelle tous les personnages périssent. Rien de psychologique là-dedans ni de chrétien. À l'inverse, Hamlet annonce en ceci l'avenir d'une poésie débarrassée

du soin de faire reconnaître des personnages : il est
« *le seigneur latent qui ne peut devenir,* juvénile
ombre de tous[33] ». Il est la puissance d'« être ou ne
pas être », la puissance d'être sans raison, d'être par
artifice. Il est en somme le symbole de la symbolisation poétique qui fait être l'idéalité des types à la
place de l'idéalisme des modèles ou du réalisme des
personnages. Hamlet est le type suprême, organi-
sant le jeu des autres types à la manière d'un cho-
ryphée ordonnant les figures d'un chœur. Le doute
ou le rêve qu'il incarne, c'est la puissance du latent,
du virtuel qui ramène tous personnages au rang de
comparses ou de figures de tapisserie, *c'est-à-dire*
d'aspects idéaux. Hamlet n'est point l'ombre d'hier
mais l'ombre – la promesse de demain – du théâtre
nouveau de l'Idée qui détrônera le théâtre des personnages et de la reconnaissance des modèles.
L'Idée est symbole, c'est-à-dire accord scellé, dans le
seul acte momentané d'une performance, entre des
aspects ou types limités à leur seul apparaître. C'est
cela que dit en somme le monologue d'Hamlet :
« être ou ne pas être », être l'ombre que sur l'être
projette un au-delà qui est la pure puissance de ne
pas être.

Chez Mallarmé, donc, le symbole n'est pas
image, pas plus que l'idée n'est forme d'objet ou la
métaphore moyen de communiquer des sentiments. Symbole et métaphore n'expriment pas
l'idée, ils la font être. Ils sont l'acte de sa production, l'institution de son rituel. Revenons à notre
« Salut » : il n'y a pas d'un côté l'« occasion » du

poème – le geste ordinaire du verre levé à un banquet qui est de poètes mais pourrait être d'industriels –, et de l'autre la métaphore marine, qui fait le contenu du poème. Le geste « réel » de la main levant la coupe et la traversée d'écriture qui emporte la poétique troupe sont tissés dans la même étoffe. Ils appartiennent à un même rituel de consécration du séjour humain. De l'un à l'autre, la continuité est assurée par l'équivalence entre la sirène de la fiction et la coupe de l'élévation : la coupe, « métaphore de notre forme », calice de fleur détaché au jour premier « des avalanches d'or du vieil azur » et de « la neige éternelle des astres [34] », nénuphar blanc d'une rencontre purement idéale entre un Ulysse de calme rivière et une Nausicaa résumée en des pas furtifs [35], calice enfin d'une eucharistie nouvelle, une transfiguration purement humaine du séjour humain :

> Le pur vase d'aucun breuvage
> Que l'inexhaustible veuvage [36].

Du néant au rien

« Autant dire rien. » Celui qui veut que le poème vainque le hasard mot par mot n'a évidemment pas mis par hasard ce « rien » comme premier mot du livre qui sera son testament. Mais il ne l'a pas non plus employé au hasard. *Rien* tout comme *aucun* appartient à la singulière famille de ces pronoms négatifs qui, employés seuls, peuvent, au gré du locuteur, conserver l'ombre du négatif qui d'ordinaire les accompagne ou, à l'inverse, reprendre leur valeur positive : rien, *rem,* quelque chose, une chose perpétuellement prise, comme Hamlet, entre l'être et le non-être.

Le non-être, le néant, on sait – un peu trop – qu'il est l'un des deux abîmes rencontrés par le jeune poète « en creusant le vers », au temps d'Hérodiade : au temps où il voulait l'œuvre pure, l'œuvre produit de la conscience pure, séparée de tout soi par la « fraise arachnéenne » d'*Igitur,* voire par le couteau qui dépose sur un plat d'argent la tête de saint Jean-Baptiste. Les commentateurs là-dessus s'interrogent sans fin : Villiers de l'Isle Adam ou Lefébure lui avaient-ils fait connaître Hegel, l'Absolu sujet et l'identité originaire de l'être vide et du néant indéterminé ? A-t-il connu Schopenhauer par la *Revue des deux Mondes* ou par quelque autre revue ? L'important est ailleurs : non pas dans la manière dont il a rencontré l'absolu et le néant – ils traînaient un peu partout en son temps – mais dans la manière dont il a réglé cette rencontre, dont il est sorti de cette « maladie ». Du sommeil dogmatique ou de l'insomnie de l'absolu, on sort, depuis Kant, par la pensée critique : la pensée qui discerne le champ d'exercice et les limites de son pouvoir. Ainsi a fait Mallarmé, au sortir des grandes crises des années 1865. Il a réorganisé, pour son compte, le système de l'esprit. La tête de Méduse de l'Esprit – l'Absolu et le Néant, l'Absolu comme Néant –, il l'a critiquement convertie en une dualité nouvelle, accessible au regard, maîtrisable par la plume : très précisément, celle que nous avons déjà rencontrée : *l'infini et rien,* l'infini immanent au rien, la différence évanouissante de toute chose à elle-même, semblable à la « ligne d'azur mince et pâle » que, « sur ses tasses de neige à la lune ravie », peint « le Chinois au cœur limpide et fin » et quiconque à son image a délaissé « l'Art vorace » du « pays cruel » de l'Absolu [37].

C'est cette conversion que donne à voir l'ordre des *Poésies.* Mallarmé y dispose les poèmes en une dramaturgie détachée de leur chronologie. Celle-ci part des poèmes de l'Idéal d'abord cherché dans les hauteurs de l'azur céleste. Elle ferme avec Hérodiade ses volets à ce bel azur et entre dans la froide nuit lunaire où le poète, héritier du soleil enfui, doit devenir impersonnel pour faire resplendir la pure beauté du poème de l'Idée pure, rêvant comme son héroïne le « lit aux pages de vélin », plus claustral encore que la robe des moines ou le linceul des morts. Avec le « Faune », son couple de nymphes évanoui, et sa flûte « instrument des fuites », elle dit adieu à l'« amas de nuit ancienne » et au « froid scintillement » lunaire de la « pâle clarté » de l'Idée pure. Elle leur oppose le pur pouvoir d'artifice du « jonc vaste et jumeau dont sous l'azur on joue » et qui sait

> [...] faire aussi haut que l'amour se module
> Évanouir du songe ordinaire de dos

Ou de flanc pur suivis avec mes regards clos,
Une sonore, vaine et monotone ligne [38].

Au-delà de cette ligne de partage, la distribution des « tombeaux » et des « éventails », des « airs » et des « sonnets » institue autant de scènes où le drame du soleil enfui et de la descente au néant se transforme dans le mystère d'une présence évanescente :

[...]
Une agitation solennelle par l'air
De paroles, pourpre ivre et grand calice clair
Que, pluie et diamant, le regard diaphane
Resté là sur ces fleurs dont nulle ne se fane,
Isole parmi l'heure et le rayon du jour [39] !

Mais rien ne résume mieux la transformation du néant en rien que ces « Plusieurs sonnets [40] » que le poète a disposés en quatre nuits et quatre saisons. Nuit d'automne initiale d'un soleil enfui et d'un ciel vide de dieu, chambre funèbre qui est aussi salle d'intronisation où s'allume l'« astre en fête » du génie poétique qui a en charge l'héritage de l'Idée-soleil ; nuit d'hiver du poète-cygne, immobilisé, avec son inaccessible modèle, Hérodiade, au « songe froid de mépris » de l'Idée pure, aussi claustral que l'« espace à soi pareil » ; nuit de printemps où le poète fuit le « suicide beau » des soleils d'antan au profit de l'éclat d'une chevelure d'or, appelée comme les cent iris au nouveau devoir de figurer, « comme un casque guerrier d'impératrice enfant », un *aspect* de l'Idée nouvelle ; nuit d'été, vidée de tout matériel funéraire comme de tout objet, réduit au statut d'« aboli bibelot d'inanité sonore ». Absent de tout ameublement, comme l'iris idéal de tout bouquet, le ptyx y est proprement la puissance du quasi-rien qui écarte en même temps la brutalité de l'être et l'angoisse du néant, la puissance par laquelle, entre la croisée et le miroir, l'espace du poème a substitué sa lumière, le septuor de ses scintillations, aux feux éteints du ciel.

Les « riens » ou les « quasi-riens » que trace le pinceau du poète sont alors au néant ce que les « aspects » sont à l'antique modèle, ce que l'infini est à l'absolu. Autrement dit, les substituts de l'Idée-soleil sont identiques aux quasi-riens qui conjurent le néant. La poussière d'or de l'Idée pulvérisée est égale à l'écume du néant conjuré, identique au feu de la rampe qui, le temps d'un spectacle, mêle au « pli naïf » du rideau « l'or d'une frange [41] ».

Encore faut-il là quelque distinction, si l'on veut séparer le pinceau mallarméen de celui de François Coppée et son esthétique de celle de Des Esseintes. La parenté de l'infini et du rien s'entend en plusieurs manières. Au temps de Hegel, elle a produit les œuvres du « mauvais infini », les romans sentimentaux et humoristiques à la manière de Jean-Paul. Au temps de Mallarmé, elle a trouvé son expression la plus achevée dans le roman flaubertien. Une idée maîtresse en anime l'esthétique : n'importe quoi peut être beau, à condition d'y susciter la présence de l'infini, soit de son propre néant.

En tout rien, en toute histoire nulle – conversations de café, discours de Comices agricoles ou adultères de province –, il s'agit de ménager ces petites lucarnes par où se voit le trou noir de l'infini : le flux indifférent qui éternellement roule les atomes, réunissant par hasard en cette salle de ferme sentant l'iris le maladroit officier de santé et la jeune fille dont celui-ci n'a d'abord remarqué que les ongles. Ligne après ligne, l'art de Flaubert est de faire sauter les chevilles des conjonctions et des explications, d'introduire, dans la description de tous ces lieux quelconques de scènes insignifiantes, le vide de l'infini, le vide où se résume *son* infini : celui du grand soleil sur le désert d'Orient, et les personnages qui lui ressemblent : ces têtes au port noble et qui sonnent creux, ces loqueteux dévorés de poux et vêtus seulement de bijoux. Rien n'est apparemment plus près que *Madame Bovary* de l'esthétique de « La déclaration foraine », où la compagne du poète, pour l'unique sou demandé aux visiteurs accourus en masse, n'exhibe rien que sa propre stature et le vol de flamme de sa chevelure et, sans accessoire d'histoire ni d'ornement,

[...]
Rien qu'à simplifier avec gloire la femme
Accomplit par son chef fulgurante l'exploit

De semer de rubis le doute qu'elle écorche
Ainsi qu'une joyeuse et tutélaire torche [42]

« Semer de rubis le doute » – le presque rien qui sépare d'elle-même n'importe quelle médiocrité –, cela pourrait résumer assez bien l'entreprise flaubertienne. Pourtant, la simplification, l'exploit et la gloire mettent de la distance. Ce presque rien qui creuse le vide de l'infini dans le vide de la bêtise est trop semblable à ce qu'il nie. « Style extraordinairement beau, note Mallarmé à propos de *Bouvard et Pécuchet,* mais on pourrait dire nul, quelquefois, à force de nudité somptueuse. Le sujet me semble impliquer une aberration, étrange chez ce puissant artiste[43]. » Avec le retour de Bouvard et Pécuchet à leur écritoire, le grand vide de l'infini vient se rabattre sur le vide ordinaire de la bêtise. La différence imperceptible de l'infini qui courait tout au long des lignes s'annule elle-même, se restitue en définitive au rien. La leçon s'en tire : le quasi-rien qui infinitise la chose quelconque ne peut être cette grande machine à faire le vide, ce « trottoir roulant » du style dont parlera Proust. L'infini doit être nombré, les aspects sélectionnés, chiffrés, ordonnés. « Simplification » et « gloire », à cette double tâche le roman, avec la contrainte brutale de son anecdote de messieurs-dames et l'absence de contrainte de son temps sans mesure, sera toujours impropre. Le poème le peut qui fixe un temps exact non plus à des histoires mais à des aspects : des possibilités d'histoire, on dirait volontiers d'historicité, des types essentiels du séjour humain comme accord entre le théâtre de l'esprit et celui du monde. La *res,* le rien, ne saurait être n'importe quoi, il doit être

« métaphore de notre forme ». Son « écume » ne saurait se séparer d'un « exploit », du geste d'une élévation.

La méthode de la fiction

C'est, en bref, le statut même de la *fiction* qu'il s'agit de changer pour authentifier le rapport entre l'infini et rien. Reprenons un peu plus haut le poème qui nous semblait marquer l'accord de Mallarmé et de Flaubert :

> Une nudité de héros tendre diffame
> Celle qui ne mouvant astre ni feux au doigt
> Rien qu'à simplifier avec gloire la femme
> Accomplit par son chef fulgurante l'exploit

« Une nudité de héros tendre » évoquée diffamerait la « nue » de la chevelure et du poème. Rien d'indécent dans cette exhibition de la femme qui, « à l'extrême occident de désirs », déploie seulement le vol de flamme d'une chevelure, métonymie du soleil pulvérisé en même temps que soustraction de tout corps offert. Le héros qui serait ici mal venu est celui qui, en un autre sonnet, « s'introduit » dans l'histoire de la femme-paon, déployant sa chevelure en char vespéral du soleil. Mais la nudité de héros tendre, c'est aussi celle d'Ulysse débarquant au rivage de Nausicaa ; c'est la nudité de l'anecdote, de l'histoire en général qui s'interposerait entre « l'ignition du feu toujours intérieur » et sa manifestation, la vive nue d'or de la chevelure déployée. Celle-ci est diadème – emblème de la femme et sacre du séjour humain en sa magnificence virtuelle – pour autant qu'aucune « histoire » ne la « diffame », ne compromet sa « gloire » en anecdote sentimentale.

Ici se place le partage entre deux idées de la fiction. Depuis Aristote, celle-ci était « imitation d'hommes agissant », « assemblage d'actions » mettant en jeu des caractères. Mais, à la définir ainsi, on la chargeait de trop de chair pour mieux réduire sa portée à de banales opérations de reconnaissance. La nouvelle fiction ne sera pas assemblage d'actions instituant des caractères. Elle sera tracé de schèmes, virtualité d'événements et de figures, définissant un jeu de correspondances. Mais il ne s'agit pas seulement d'abstraire la fiction. Il s'agit de lui donner un sens beaucoup plus radical. La fiction est peut-être un jeu. Mais ce jeu est d'essence supérieure. Il est « le procédé même de l'esprit humain ». Entendons, de l'esprit humain en tant qu'humain. De l'esprit humain en tant qu'aucun dieu ne lui garantit aucune vérité. En somme le procédé de Descartes, tant qu'il n'a pas rencontré de dieu vérace. C'est ce procédé des premières *Méditations* – doute hyperbolique, dit-on quelquefois – qu'il faut radicaliser. La poésie est méditation, doute qui se change en hyperbole, qui « projette, à quelque élévation défendue et de foudre ! le conscient manque chez nous de ce qui là-haut éclate [44] ». Supercherie ou – à l'anglaise – forgerie, peut-on dire, que cette projection. Mais la forgerie est aussi œuvre d'orfèvre, « écorchant de rubis » le doute. L'« attirance supérieure comme d'un vide » que nous tirons de nous détache les choses de leur « solidité ». Elle les doue « de resplendissement, à travers l'espace vacant, en des fêtes à volonté et solitaires [45] ». À la place de tout ciel des Idées, la fiction institue les conditions de l'expérience humaine en général, de la consécration du séjour humain. Elle les institue dans l'incertitude du jeu et la gloire de l'élévation. L'effet combiné du jeu de la forgerie et du travail d'orfèvre s'appelle « sacre ». Mais ce sacre se joue toujours dans l'instantané d'un tracé évanouissant. La fiction ne saurait consister. Et sans doute l'écrit conserve-t-il le poème pour qui veut le lire. Mais cette lettre est morte si manque l'exact rituel par lequel le lecteur s'institue strictement comme le nouveau théâtre où le poème rejoue sa chorégraphie. Le jeu de la fiction se ramène toujours au mouvement de l'éventail qui « recule l'horizon délicatement », qui interpose le frisson de son paysage feint entre tout spectateur et toute réalité de feuillage ou de flots. Le poème est le mouvement de l'éventail qui est l'infini déployé et reployé en un strict nombre de plis qui se ramènent à un seul.

> Vertige ! Voici que frissonne
> L'espace comme un grand baiser
> Qui, fou de naître pour personne,
> Ne peut jaillir ni s'apaiser.

> Sens-tu le paradis farouche
> Ainsi qu'un rire enseveli
> Se couler du coin de ta bouche
> Au fond de l'unanime pli !
>
> Le sceptre des rivages roses
> Stagnants sur les soirs d'or, ce l'est,
> Ce blanc vol fermé que tu poses
> Contre le feu d'un bracelet[46].

L'éventail du poème

L'éventail est ainsi l'emblème élémentaire de l'œuvre de fiction en général : la magnificence du pur mouvement de l'apparaître et du disparaître, l'écume d'or du vers qui recule toute ligne d'horizon pour y instituer le jeu glorieux de l'infini et de rien. Apparaître et disparaître. Élever la fugacité de tout apparaître à la gloire du soleil disparu, reflété dans les carreaux d'une fenêtre. Ramener le drame de toute disparition à la ténuité d'un blanc cheveu d'écume. Déplier et replier le mouvement des correspondances qui rend équivalents « le sceptre des rivages roses/Stagnants sur les soirs d'or » et « le feu d'un bracelet » à la main qui tient l'éventail, le rire des lèvres et l'unanime pli qui recourbe l'espace pour en faire un monde. Si la chevelure d'or est la métonymie exacte du soleil disparu, l'éventail est l'exacte métaphore du poème, l'artefact qui imite, dans le battement de ses plis, ce mouvement de l'apparaître et du disparaître qui est le pli initial ou la doublure des choses qui fait d'elles un monde.

Gardner Davies a suivi chez Mallarmé les traces d'un seul « drame solaire [47] ». L'entreprise est valide à condition de préciser justement qu'il s'agit de traces, ou de poussière. Le « drame solaire », c'était, selon l'anthropologue George W. Cox et son traducteur, Mallarmé, la clef de l'ancienne mythologie : la grande « tragédie de la nature », renaissant à chaque aurore des ténèbres où elle meurt chaque soir [48]. Cette tragédie comme la nature a eu son temps, celui de l'automne initial. Le poète qui n'en a pas pris acte est comme le cygne aux ailes captives dans les glaces d'hiver. Ce qui remplace strictement la vieille tragédie de la nature, c'est le mystère de l'au-delà de la nature. Ce « mystère » est l'organisation en artefact glorieux du « rêve » remarquant et rythmant les aspects. Il n'a donc rien de plus « mystérieux » qu'un battement d'éventail qui, dans sa vivacité, déploie les plis de son emblème, suscitant la question de l'observateur : écume de naufrage ou cheveu de sirène ? Imaginons maintenant que le poème, comme l'éventail, ait deux faces : côté quatrains, le tourbillon d'un naufrage ; côté tercets, la gerbe d'écume d'une ondulation de sirène.

Nous retrouvons notre poème initial et peut-être comprenons-nous maintenant ce qui a déplacé notre question sur ce qu'il « veut dire ». Le poème ne « veut » rien dire, il dit. Il emblématise le geste de dire comme scansion d'apparition et de disparition. Il emblématise le doute même sur la nature de cette scansion qui donne au jeu des aspects sa puissance d'idéalité. Qu'est-ce qui apparaît ? Qu'est-ce qui disparaît ? Le geste de l'éventail ne le dit pas, il le joue, il le « suggère ». N'entendons pas par là que le poème est « polysémique » ou que chacun l'entendra à sa manière. Entendons qu'au battement d'aile de l'éventail, du cygne, de la rame, plusieurs formes d'apparition et de disparition peuvent se retrouver analogues. C'est cela le mystère succédant à la tragédie : la grande métaphore de l'Idée-soleil, enfoncée dans les flots et les ténèbres, est éclatée en une multiplicité de schèmes de disparition qui se répondent, se substituent ou se combinent les uns aux autres. Une disparition en contient plusieurs autres. Nous pourrons donc, si nous y tenons, discerner dans la fable du navire et de la sirène plusieurs sens – les sens du « mystère », comme autant d'éclats du grand soleil pulvérisé. Premier sens : le poème, en général, est un processus de disparition et de substitution. Il transforme toute réalité « solide et prépondérante » (par exemple un navire sur les flots par gros temps, une fille de roi ou une fleur dans un vase) en un simulacre inconsistant et glorieux (la sirène, le nénuphar blanc ou l'absente de tous bouquets). Deuxième sens : le poème nouveau remplace les histoires et les drames d'antan (aventures, naufrages, solitude, récifs, étoiles) par un jeu d'aspects évanouissants. Troisième sens : le navire du poème doit frayer son chemin dans la nuée hostile d'un monde où le poète n'a pas de place. Mais le poète est semblable à la sirène rusée. Il déjoue les appétits de l'« abîme vain éployé » du public et ne laisse à l'ogre affamé qu'une trace du tour qu'il lui a joué, un blanc cheveu de sirène. Aucun de ces sens n'est indu, et, en les combinant, on aura une assez bonne idée de ce que Mallarmé a pu penser[49]. Reste que s'il y a une « pensée du poème », elle est dans le battement qui prend tous ces possibles en un même pli, ce « pli de sombre dentelle qui retient l'infini », qui les résume en un même geste et fait de ce geste de doute et d'hyperbole un rituel et l'emblème même de la consécration du jeu humain. Le poème est la consécration suprême parce qu'il est l'artifice suprême qui élève le tracé d'écriture sur une page blanche « à la hauteur du ciel étoilé », l'éventail qui identifie le mouvement de ses plis à cette doublure du sensible, ce jeu de l'apparaître et du disparaître qui fait de la muette éternité de l'espace un monde.

L'hymne
des cœurs spirituels

Rien à voir en somme avec l'art pour l'art non plus qu'avec l'enfoncement dans quelque nuit du langage. Aucun esthétisme. Mais une esthétique, au sens où l'esthétique est non point la « théorie de l'art » mais la pensée de la configuration du sensible qui instaure une communauté. Le « grimoire » mallarméen est aussi un « livre de l'avenir » :

> Car j'installe, par la science,
> L'hymne des cœurs spirituels
> En l'œuvre de ma patience
> Atlas, herbiers et rituels [50].

Successeur des antiphonaires de jadis, le grimoire mallarméen n'est pas un simple jeu pour des « fêtes solitaires ». Il est le livre qui psalmodie la grandeur d'une foule à venir. Le mouvement de l'« hyperbole » poétique est la méthode même de la science. Et il s'inscrit en des livres de science : « atlas, herbiers et rituels » : cartes des cieux d'éventails, livres d'emblèmes des fleurs-calices qui dessinent la figure nouvelle de l'Idée, rituels de consécration de la grandeur commune.

La religion du siècle

Mallarmé est de son siècle. Un siècle, comme mesure de temps, n'est aucune réalité, pas plus qu'une ligne d'horizon. Un siècle, c'est une idée de siècle. Et le XIXᵉ siècle, c'est le déploiement d'une idée qui peut s'énoncer de deux manières : premièrement, en finir avec le siècle précédent, avec les Lumières et la Révolution. « En finir » peut vouloir dire bien des choses, entre deux pôles opposés : pour les uns, il s'agit de liquider le siècle d'incroyance et de déréliction ; pour les autres, de parachever l'œuvre qui n'a pu être qu'entreprise, de continuer, en bâtissant la société nouvelle, le travail de ceux qui ont seulement eu le temps de détruire l'ancien ordre. Les deux opposés peuvent au demeurant se rejoindre en une pensée commune qui résume la seconde manière de penser l'idée ou la tâche du siècle : sur les ruines de l'ancien ordre, il faut bâtir les liens d'une communauté nouvelle. Et à cela, les lois qui fixent les rapports d'individus à individu et les constitutions qui règlent le jeu des institutions représentatives ne suffiront jamais. Le régime représentatif ment aux promesses de l'émancipation citoyenne comme le règne de l'or ment aux promesses de l'émancipation des puissances industrielles de l'homme. Les deux se joignent en un même régime de l'égoïsme, en une même destruction du lien communautaire. La communauté manque de son idée. L'idée de la communauté, c'est l'idée du lien. Lien se dit dans le latin de la philologie romantique *religio*. Pour achever la révolution, la communauté a besoin d'une religion nouvelle. À l'aube du siècle, Hegel, Hölderlin et Schelling en avaient noté l'idée sur un brouillon. Tel devait être le « premier programme systématique de l'idéalisme allemand » : créer pour le peuple, sur la base même de la philosophie nouvelle qui intériorise et radicalise la révolution politique, une religion et une mythologie nouvelles. L'idée avait été abandonnée sur un brouillon mais jamais oubliée dans les rigueurs mêmes de la philosophie spéculative. Et Feuerbach, avant Marx, en avait tiré les conséquences : par-delà le mensonge spéculatif, il fallait achever la tâche d'une religion nouvelle de l'humanité, une religion qui rende au pain et au vin de l'existence quotidienne les pouvoirs humains aliénés en attributs divins. Mais déjà, au temps où Hegel se mourait du choléra, les saint-simoniens avaient embouché des trompettes autrement sonores pour annoncer l'esprit et la tâche du siècle : le « nouveau christianisme », la religion de la matière réhabilitée, de l'esprit devenu chair : dans l'exactitude scientifique des lignes de chemin de fer instaurant la communication entre les hommes mieux que toute parole ; dans la communauté spirituelle réunissant l'armée du travail sous une hiérarchie de science et d'amour ; dans l'organisation religieuse de l'industrie remplaçant les hiérarchies étatiques et les tourbillons révolutionnaires ou dans le temple nouveau du théâtre remplaçant la vieille église. L'industrie devenue religieuse, la religion devenue industrielle installeraient l'hymne et le théâtre nouveaux à la place du monstre froid de la machine politique représentative.

Depuis les saint-simoniens, le siècle n'a guère cessé d'osciller, tantôt opposant, tantôt mêlant deux idées de l'avenir terrestre de la religion : il y a ceux qui veulent que l'homme reprenne à Dieu ses attributs pour en faire le pain et le vin d'une vie nouvelle délivrée de toute illusion supraterrestre. Il y a ceux qui veulent des chœurs nouveaux pour chanter le culte de l'industrie et du progrès, pour accompagner les communications nouvelles de l'électricité et du rail. Au croisement des deux idées, les cités rêvent de religions civiques et élèvent les grands édifices de verre et d'acier qui accueillent les Expositions industrielles et promettent le spectacle à venir d'une humanité transparente à elle-même. Il est impossible d'entendre le poème et l'esthétique mallarméens hors de cette partie séculaire. Mais aussi il convient d'y déterminer exactement sa part : soit les considérants et les formes de son « coup de dés », de son pari sur l'avenir « religieux » de la communauté.

Deux thèses sur la divinité

L'idée mallarméenne de la religion se résume en deux thèses essentielles : une thèse sur la mythologie et une thèse sur le christianisme. L'enchaînement de ces deux thèses forme une histoire de l'esprit dont la poésie a pour tâche d'écrire la troisième phase. Sur la mythologie, Mallarmé à la fois suit et adapte à sa vision propre l'anthropologie de la religion exprimée dans l'ouvrage dont – besogne « alimentaire » selon lui – il assure la traduction française : *Les Dieux antiques* de George W. Cox. La thèse est simple et on la dirait même volontiers simpliste : les dieux et les mythes du panthéon grec sont des personnifications vivantes de phénomènes naturels. Les noms propres des dieux de l'Olympe et des héros des mythes fondateurs dérivent de noms communs empruntés à des langues plus anciennes et devenus inintelligibles. À l'aide de ces anciens noms, les peuples d'autrefois contaient seulement ce qu'ils voyaient, soit les péripéties de la « tragédie de la nature » : la double évolution, quotidienne et annuelle du soleil, sa mort et sa renaissance. Les noms des dieux disent l'aurore et la rosée, la puissance de l'astre de feu à son zénith, mais surtout sa perpétuelle descente au royaume des ténèbres et le miracle de sa résurrection perpétuelle.

Anthropologie au goût du jour, où la linguistique vient prêter un renfort hasardeux aux rationalisations du siècle des Lumières ? On en retiendra pourtant deux propositions essentielles. Première proposition : les dieux ne naissent pas de l'étonnement et de la peur devant les menaces des phénomènes naturels, ils naissent du langage qui les raconte. D'où il se tirera que la vraie « fin » de la religion est la restitution au langage de ses pouvoirs. Seconde proposition corrélative : la religion a d'emblée pour objet moins le tonnerre qui effraie, la sécheresse qui désole ou la pluie qui rafraîchit et féconde la vie que le mouvement même de l'apparition et de la disparition de la lumière. Ce que l'homme d'emblée y nomme, ce ne sont pas les puissances bienfaitrices ou malfaisantes pour le pain quotidien, mais les puissances glorieuses du séjour humain. Ce que la mythologie, en bref, nous enseigne, c'est que la fonction « religieuse » est d'abord celle du langage qui glorifie.

Mais la divinité – comme la beauté – antique a subi avec le christianisme un approfondissement en forme de révolution. La fuite des anciens dieux, c'est la radicalisation de la « gloire » célébrée par le langage. La pompe des églises, l'or des ciboires et des ostensoirs « reculent » l'horizon des soleils levants et couchants. Ils donnent à la gloire son vrai contenu : l'absence. La grandeur de la religion chrétienne a été celle-ci : ce qu'elle a consacré, c'est la « présence réelle » de l'absence, la puissance même de la chimère. Le rituel chrétien, en faisant, par les ténèbres de ses églises et l'or de ses ciboires, écran à l'or du soleil et à la vieille « tragédie de la nature », a révélé la nature propre de l'animal humain. L'animal humain est un animal chimérique.

L'« honneur » de notre race est de « prêter des entrailles à la peur qu'a d'elle-même [...] la métaphysique et claustrale éternité » et d'« expirer le gouffre en quelque ferme aboi dans les âges[51] ». La condition chimérique, c'est ce pli hasardeux de l'absence qui affecte sans raison la « claustrale éternité », « l'espace à soi pareil, qu'il s'accroisse ou se nie ». Le christianisme révèle en sa pureté cette tâche proprement humaine de glorification de l'absence, cette tâche qui institue « notre communion ou part d'un à tous et de tous à un ». Ou plutôt il la révélerait en sa pureté s'il ne la compromettait avec le « mets barbare » du corps et du sang du Sauveur que désigne le sacrement eucharistique[52]. L'« humanisation » mallarméenne de la religion va alors à contre-courant de la tendance dominante du siècle. Telle que l'anthropologie feuerbachienne peut la résumer, celle-ci demandait que l'on restitue au pain et au vin quotidiens de la famille et de la communauté les honneurs que la cérémonie illusoire de l'élévation projetait dans le ciel chimérique de la religion. Tout à l'inverse, Mallarmé vise à restituer au séjour humain le seul geste d'élévation de la chimère, le calice vide de tout sang d'homme ou de dieu ; non point le pain-chair, mais ce qui seul « éclaire » la vie dévouée à son acquisition, la « gerbe juste initiale » de l'épi : élévation de poussière d'or vouée à la faux[53]. Ce qui doit succéder au christianisme, ce n'est pas la religion de la terre nourricière ou du groupe industriel. C'est la « religion » de l'artifice : l'institution d'artefacts et de rituels qui transfèrent à la communauté soumise à l'or du métal sans éclat et à l'obscurité de l'urne électorale l'or pulvérisé des soleils couchants et des natures agonisantes, purifié par la religion qui a célébré par ses ors la présence réelle de l'absence, soit le « mystère ». Cette religion de l'artifice, la foule en voit la préfiguration encore grossière dans les feux du même nom dont la « gerbe multiple et illuminante » consacre, aux fêtes publiques, le cycle annuel de ses travaux [54]. Mais c'est elle aussi qui préside aux « fêtes intimes » : fête de la demeure meublée de « chimères tangibles » — bibelots, étoffes, livres ou bouquets qui transposent les délicatesses ou les violences du cycle solaire ; fête plus intime encore du livre, enfermant dans le repli de ses feuillets le jeu du monde.

Le poète et l'ouvrier

La politique de Mallarmé s'inscrit ici, toute proche et pourtant exactement inverse du grand rêve saint-simonien de la religion industrielle. Un dimanche de juin 1832, pendant que grondait dans Paris l'émeute républicaine, les « apôtres » réunis en communauté à Ménilmontant avaient donné aux ouvriers qui venaient les visiter le dimanche le spectacle d'une cérémonie remarquable : l'ouverture des travaux du Temple de la religion nouvelle. À l'accent des chœurs nouveaux du travail-roi, apôtres bourgeois et ouvriers de Paris, rangés en demi-escouades de piocheurs et de brouetteurs, avaient solennellement déplacé la terre des trous destinés à la fondation du Temple [55]. Illustration parfaite du « Livre nouveau » qui ne s'écrit plus sur du papier en mots volatils et déclarations vides, mais s'inscrit dans la disposition même des corps transformant la pensée en réalité à même le sol. Il importe peu de savoir si Mallarmé a connu l'histoire de ce dimanche utopique. L'essentiel est qu'il lui ait donné, en deux de ses proses, une exacte réplique. Ce que « Conflit [56] » et « Confrontation [57] » mettent en scène, c'est une même scène de rapport entre l'homme du livre et l'homme à la pioche : une même scène, à ceci près qu'elle fait voler en éclats tout cérémonial de « nouveau christianisme », tout cérémonial de consécration religieuse du travail de la pioche rendu spirituel par les hommes du livre devenus brouetteurs. Impitoyablement, « la promenade se barre de travail » : malaise matinal du promeneur oisif à paraître sur son tertre, à côté du travailleur levé bien avant lui et déjà, par sa proche pioche, enseveli dans son trou ; hostilité de midi entre le lettré en vacances qui a protégé d'une grille sa retraite et l'ouvrier qui avait pris coutume de passer par son jardin pour aller de la cantine au travail ; malaise vespéral du rêveur dont l'horizon, ce dimanche soir, est barré par « la jonchée du fléau » : les chemineaux affalés en plein champ, assoupis par les libations qui célèbrent l'arrêt du travail. À cette confrontation, il n'est pas d'issue directe, surtout pas en forme d'hymne au travail, de consécration du pain et de transformation de l'homme du livre en ouvrier manuel ou en chantre du travail glorieux. Le travail n'est ni ne sera glorieux. Le trou où s'enfonce le travailleur n'est et ne sera jamais que le travail vain de prendre ici de la terre pour la porter là, quitte à refaire ensuite le transport à l'inverse : tâche nulle dont le seul prix est l'équivalent universel, l'or ordinaire qui s'échange contre le pain. Cycle ordinaire de la descente quotidienne en un tombeau d'où l'on renaît chaque jour pour la simple survie. Cycle de la production et de la reproduction, des naissances sombrées dans l'anonymat, en une répétition singeant une éternité simple, sans repli : en bref, tout ce qui se résume dans le nom même de prolétaire, et frappe de dérision tout rituel de consécration du travail.

La consécration alors ne peut être qu'à côté. Elle doit se penser à partir de cet écart même des libations du dimanche dont l'ivresse dérange le cours ordinaire des jours laborieux et des nuits réparatrices. C'est à partir de cet autre trou creusé dans l'ordinaire d'un destin que la consécration des générations humaines est possible. À ces ouvriers, contrairement à de plus fortunés – lesquels, éventuellement, se disent poètes et trafiquent allègrement de leur plume –, le pain quotidien tiré de la fosse n'a pas suffi. Dans ces « petits verres » des lendemains de paie « ils réservent, honorablement [...] la part du sacré dans l'existence par un arrêt, l'attente et le momentané suicide ». Et sans doute le font-ils sans conscience de cet « honneur », « sans témoigner de ce que c'est, ni que s'éclaire cette fête [58] ». La chimère d'or qui supplémente le travail, la nourriture et la reproduction, ils négligent de la voir symbolisée, « magnifiée » près d'eux par l'or du soleil couchant dans une colonnade de futaie.

À l'heure où les constellations s'éclairent au-dessus des fossoyeurs endormis, la tâche du poète-Hamlet se précise alors : fixer les « points de clarté » qui rendent à l'honneur assoupi du troupeau la gloire chimérique qu'il cherche instinctivement. Aucun populisme dans ce programme. Mallarmé peut prêter le concours de sa fille et de ses couplets pour le théâtre d'occasion que ses jeunes cousins, Paul et Victor Margueritte, montent dans une grange de Valvins, mais il ne saurait partager les illusions unanimistes du « théâtre du peuple ». Et il frappe aussi, par avance, de dérision ce qui sera le programme des futurismes et des avant-gardismes du siècle à venir : la « dilution couleur électricité et peuple » de « l'archaïque outremer de ciels [59] ». Ni complaisance populiste donc, ni anticipation futuriste. Tout rapport à venir entre le poète et le peuple passe, au présent, par une décision de séparation qui soustrait la tâche du poète au cycle normal du jour et de la nuit, à l'échange ordinaire du travail et de l'or. Platon séparait la race de ceux auxquels le dieu avait conféré l'or de la pensée et celle des hommes voués au travail du fer. En donnant aux premiers l'or symbolique et le commandement de la cité, il leur interdisait de tenir dans leurs mains l'or matériel des biens possédés et du travail rémunéré. La séparation de l'homme à la pioche et du poète accomplit un partage du même type entre l'or réel et l'or symbolique. Mallarmé, pourtant, y marque une différence essentielle. Pour lui, nul n'a reçu, dans la composition de son âme, l'or ou le fer distribués par la divinité. Les révolutions ont été faites pour cela précisément : pour que « l'élu » soit n'importe qui, le premier ou le dernier venu qui se dévoue au travail de l'autre or, de l'or symbolique, dont l'éclat, égalant les feux du soleil évanoui à l'honneur de la race chimérique, illuminera les fêtes du futur. Mais, à cet élu quelconque, il est fixé un strict partage des tâches et des métaux. Pour préparer « l'hymne des cœurs spirituels », le poète doit séparer sa tâche propre de tout trafic en termes de profit marchand comme de position sociale. Non qu'il doive être rétribué, comme les gardiens platoniciens ou les « moines » des universités anglaises, par le travail des hommes du fer. Il doit être, comme Mallarmé, un salarié gagnant, par le métier du jour, l'or de la survie quotidienne afin de dévouer gratuitement sa nuit à sa tâche de « serviteur, par avance, de rythmes [60] ».

La « solitude » du poète et la nuée même dont il entoure ses vers doivent s'entendre à partir de là. On en méconnaît la portée si on les assimile à la volonté nihiliste d'instituer l'œuvre dans une « colonne de silence » récusant l'espace public démocratique [61]. Il serait beaucoup plus juste de rapprocher « l'action restreinte » mallarméenne et la pensée marxiste de la maturation nécessaire des conditions révolutionnaires. L'isolement du poète est strictement lié à l'« absence de présent ». La politique du coup de dés – et le sens ultime de la fable du bateau et de la sirène – doivent s'entendre ainsi : les conditions n'existent pas encore pour l'union du poète et de la foule dans « l'hymne des cœurs spirituels ». L'« heure extraordinaire » n'est pas venue, ni la « salle prodigieuse », identique à la scène. Pour le poème comme pour la communauté, c'est folie que de jouer dès maintenant le remplacement du règne de l'or matériel par celui de l'or symbolique : « l'or frappe, maintenant, d'aplomb, la race » ; l'instant n'est pas venu de fêter l'éclat de son couchant, « les somptuosités pareilles au vaisseau qui enfonce, ne se rend et fête ciel et eau de son incendie[62] ». À prendre le krach de Panama ou tel écroulement de banque pour l'aurore révolutionnaire et à s'en faire le chantre hâtif, le poète se comporterait lui-même en financier hasardeux, entraînant l'or de l'avenir dans la médiocrité d'une banqueroute ordinaire. À fêter par anticipation l'éclat du grand naufrage, c'est la nef des Argonautes du poème qui s'enfoncerait dans l'abîme. Inutile donc de vouloir raccourcir le « tunnel de l'époque » et déboucher dès aujourd'hui à quelque « gare centrale » dont la coupole de verre s'identifierait au palais communautaire, où résonnerait l'hymne des cœurs spirituels. C'est ce que nous dit notre petite fable marine : l'heure n'est point celle du grand naufrage glorieux. Elle est celle de la sirène discrète qui se refuse à dissiper par avance des vérités qui ne sont encore qu'à l'état de « gammes, accords posés préludant au concert[63] ».

Mieux vaut « essayer » ces gammes et accords pendant que l'« autre crise » est en gestation.

Il faut donc bien comprendre l'injonction à la solitude de l'artiste et de l'œuvre. C'est en raison même de sa solidarité avec le travailleur qui, tous les jours, s'enfonce et renaît de la fosse commune du travail que le poète doit s'isoler pour « sculpter son propre tombeau [64] », pour approfondir le « suicide » parodié dans les libations du samedi soir. Il ne faut pas entendre à contresens l'affirmation selon laquelle le livre « ne réclame approche de lecteur », « il a lieu tout seul ». Elle ne signifie pas que l'écrivain n'écrit que pour lui-même. Elle signifie que le livre, en la seule réalité matérielle du volume solitaire dont les feuillets cachent et offrent en même temps leur trésor, est déjà l'institution d'un lieu. Ce n'est donc point pour satisfaire à un élitisme d'esthète que le livre défend « contre le brutal espace une délicatesse reployée infinie et intime de l'être en soi-même [65] ». Cette « délicatesse » réservée, c'est le repli qui fait de la « claustrale éternité » de l'espace un monde habitable pour la communauté humaine. Et ce n'est pas pour une cérémonie nihiliste que « le sens enseveli se meut et dispose, en chœur, des feuillets [66] ». Le tombeau du livre tel que le sculpte le « suicide » du poète est ce qui sépare le destin humain de la fosse commune, de l'éternité de la production et de la reproduction de la vie. L'ensevelissement au livre des chœurs de l'avenir clôt l'illusion saint-simonienne du « livre nouveau ». L'acte d'écrire a le papier seul pour lieu. Mais aussi, le

« tombeau » du livre préserve les rythmes de l'hymne pour les fêtes de l'avenir, les « *Mille et Une Nuits* innombrables : dont une majorité lisante soudain inventée s'émerveillera[67] ».

La religion musicale

C'est qu'une partie redoutable se joue autour de cet hymne. Déjà la religion nouvelle a ses temples, sa théorie et sa divinité. La religion nouvelle qui prétend dès aujourd'hui à prendre la succession du christianisme porte un nom où se concentre tout le problème mallarméen. Elle s'appelle musique. « Plaisir sacré », « Catholicisme » et « De même », ces trois textes que Mallarmé réunit sous le titre d'« Offices[68] », ont un objectif bien défini : comprendre comment ce qui semblait n'être qu'un art parmi les autres en vient à jouer un tout autre rôle, celui d'être « le dernier et plénier culte humain[69] ». La réponse peut se déduire des deux thèses fondamentales de la théorie mallarméenne de la religion : si les dieux viennent du langage et doivent y retourner, c'est un langage purifié qui peut le mieux prétendre à être la dernière religion. Or la musique se présente comme ce langage par excellence. Et si le contenu essentiel de la religion chrétienne est le geste même de l'élévation, qui égale la présence à l'absence, la baguette du chef d'orchestre représente l'épuration dernière de ce rituel que le sacrifice chrétien compromet en simulacre de repas barbare. La musique présente l'écriture et le rituel les plus abstraits de toute corporéité et de toute figuration. Et c'est précisément son abstraction qui en fait le langage le plus immédiatement accessible. La musique fait sauter l'écran de l'image et de la représentation. Les frissons abstraits que l'écriture des notes et des intervalles confie au timbre des instruments peuvent ainsi immédiatement se muer en frissons d'émotion. C'est cette abstraction qui transforme l'« esthétique » en « religion » dernière et qui permet à la musique d'instaurer, par les voies les plus directes, la communion la plus sensible des hommes dans la reconnaissance de leur grandeur chimérique. On peut le dire autrement : la musique apparaît par excellence comme cet « au-delà de la nature » qui recueille la sacralité que la nature a perdue au temps de l'industrie. La nature était la première forme, la forme tangible de l'Idée encore primitive et prise dans la solidité de la matière. La musique est le dernier « état sacré », la forme spiritualisée de l'Idée, pulvérisant toute matière et toute image en un « volatil dépouillement en traits qui se correspondent, maintenant proches la pensée[70] ».

« La note maintenant d'une rentrée de capitale est donnée par les concerts[71]. » Cette remarque apparemment frivole est, pour Mallarmé, lourde de significations. Tout d'abord, la capitale est le lieu par excellence de la consécration du séjour humain. Ensuite, la rentrée d'automne symbolise la transmission même de la « gloire » de la nature aux fêtes de la communauté. Enfin, ce sacre nouveau du concert signifie le déclin de la forme glorieuse par excellence, le théâtre. Le lieu théâtral, c'était pourtant, par excellence, l'ouverture de la gueule d'or de la chimère, le temple de la communion populaire dont les « petits verres » des soirs de paie contenaient la promesse dérisoire. La scène est « le foyer évident des plaisirs pris en commun » et « la majestueuse ouverture sur le mystère dont on est au monde pour envisager la grandeur[72] ». Le lieu théâtral est le lieu humain par excellence, la nuit qui s'invente sa lumière et son luxe. Mais le théâtre, tel qu'il est en cette fin de XIXe siècle, s'avère incapable de répondre à la promesse de magnificence de ses ors, de ses velours et de ses verreries. La gloire que promettent l'éclat du lustre et la frange de lumière des rideaux est brutalement démentie par la scène qui ne donne à voir aux messieurs-dames ordinaires que d'autres messieurs-dames ordinaires. À ceux qui demandent à être vaincus par les sortilèges de l'art, le théâtre de la représentation répond par le degré zéro de la fiction : la simple convention qui, en levant le rideau sur le décor de la banalité quotidienne, proclame d'emblée : « Supposez que cela a eu lieu véritablement et que vous y êtes[73] ! » La convention naturaliste du théâtre moderne transforme ainsi le « trou magnifique » de la chimère d'or en simple néant de la banalité se regardant en miroir.

D'où la force conquérante du déluge symphonique. La baguette du chef d'orchestre vide l'espace théâtral de ces importuns dont la stature épaisse et l'anecdote grossière obstruaient l'espace idéal, l'espace du mystère où la grandeur cachée au « flanc inscient » du public se confronte à la grandeur de la scène.

> Le miracle de la musique est cette pénétration, en réciprocité, du mythe et de la salle, par quoi se comble jusqu'à étinceler des arabesques et d'ors en traçant l'arrêt à la boîte sonore, l'espace vacant, face à la scène : absence d'aucun, où s'écarte l'assistance et que ne franchit le personnage.
>
> L'orchestre flotte, remplit et l'action, en cours, ne s'isole étrangère et nous ne demeurons des témoins : mais, de chaque place, à travers les affres et l'éclat, tour à tour, sommes circulairement le héros [...] [74].

En détruisant par son langage sans mots ni images les jeux de la représentation et de la reconnaissance, l'action musicale peut s'identifier au rituel de la consécration du lieu. Et cette consécration du lieu est aussi la célébration par le public du culte dont il est le héros. Mais il ne peut s'agir que d'une célébration distante. « Mystère » signifie distance, et une double distance : le peuple du temple musical ne se regarde plus dans le miroir de la banalité. Mais il ne s'incorpore pas non plus la grandeur jadis divine. Comme le prêtre, mieux que le prêtre, le chef d'orchestre « recule » la gloire commune qu'il exhibe. L'animal chimérique ne s'approprie jamais sa grandeur qu'à travers un espace vide. Elle ne vient à lui qu'à travers les arabesques qui, le temps d'une performance, lient, à travers cet espace vacant, les frissons orchestraux aux ors de la salle et aux plis des robes des spectatrices. La distance esthétique du mystère est aussi une distance politique. La différence mallarméenne se marque ici par rapport au programme poético-politique qui prolonge le romantisme à travers le symbolisme et le futurisme. Dans ce programme, le poème a la forme du chant et pour contenu essentiel le mythe : le récit où la communauté peut reconnaître son principe et chanter en chœur ce qui la fait communauté. Le poème, en bref, est d'essence symbolique. L'âge romantique a opposé à la froide allégorie classique la chaleur du symbole qui porte, caché en lui mais susceptible d'être manifesté à nouveau dans sa vérité sensible, le sceau de l'alliance communautaire. Il a repris à son compte le rêve platonicien de la cité chorale, s'enchantant sans cesse de jouer et de chanter à l'unisson sa propre loi, intériorisée en rythme sensible de la vie de chacun et de tous. Mallarmé reprend, lui aussi, le langage du symbole et l'idée d'une musique généralisée. Mais son symbole a la propriété de l'allégorie. Il reste à distance. La coupe est « vide d'aucun breuvage ». Nul ne consomme le pain et le vin divins. Et la cérémonie musicale n'est pas une cérémonie chorale. C'est une performance orchestrale où la foule ne participe que muette au mystère de sa propre grandeur. Le geste du chef d'orchestre retient le mystère en son lieu et prévient la foule de s'adorer elle-même dans le temple nouveau.

Ou plutôt, il devrait le faire. Mais le privilège du mutisme musical a son revers. La musique est incapable de contrôler ses effets, de se réduire à son propre principe. Hegel avait déjà marqué dans l'*Esthétique* le revers du privilège musical. La musique est par excellence l'art de l'intériorité, celui où les intervalles mathématiques et les sonorités des bois, des cordes et des cuivres ont le pouvoir de créer directement un milieu d'idéalité qui englobe l'auditeur. Mais cette belle intériorité est une intériorité vide. Le « pur » langage musical est condamné soit à garder sa pureté instrumentale, donc à ne rien dire qui porte une signification ; soit à emprunter à la parole et au drame des significations à exprimer et à se retrouver du même coup serviteur d'un autre art. Mallarmé retrouve ce dilemme. C'est un langage à la sublimité un peu suspecte que ce poème « d'autant plus compréhensible que tu » où le compositeur a la possibilité de « suspendre jusqu'à la tentation de s'expliquer[75] ». Ce langage sans mots se targue d'avoir éliminé la banalité de l'universel reportage. Mais c'est peut-être « un cas de reportage énorme et supérieur », une pure et simple mystification que cette ascension de la multitude muette, franchissant d'un seul coup les « intervalles littéraires » pour se trouver directement « face à face avec l'Indicible ou le Pur, la poésie sans les mots[76] ». Le « langage » musical ne se suffit à lui-même qu'au prix de substituer la mystification de l'Indicible aux banalités de la reconnaissance théâtrale.

Le dieu Wagner : poème, musique et politique

Est-ce à dire, en suivant Hegel, que la musique est condamnée à se faire servante de la poésie ? Ce serait oublier le coup de force qui a eu lieu depuis Hegel dans les rapports de la musique et du poème, coup de force d'un musicien qui a lu Hegel à travers ses deux grands critiques, Feuerbach et Schopenhauer : Richard Wagner. Wagner a déjà, à sa manière, proclamé la déchéance du vieux théâtre de la représentation. À l'anecdote de l'opéra et à ses chœurs, il a opposé le poème nouveau, propre au temps des peuples et des révolutions, le drame musical, synthèse de ces deux arts. Il a ainsi inversé le second terme de l'alternative. En face de la « musique pure » il y a non plus la musique servante du poème, mais la musique maîtresse et reine, mettant au rancart le « grimoire poétique » :

> Notre si vieil ébat triomphal du grimoire
> Hiéroglyphes dont s'exalte le millier
> À propager de l'aile un frisson familier
> Enfouissez-le-moi plutôt dans une armoire[77].

L'entreprise de Wagner ne représente pas seulement la concurrence déloyale faite par l'éclat des voix et des instruments à la ligne d'écume du poème. Elle représente l'absorption du poème et de sa « politique » dans la musique. L'abstraction du langage musical – son « volatil dépouillement » propre à créer un lieu communiel –, Wagner l'a unie à son contraire : le théâtre de la représentation avec sa fable et ses personnages consistants. Telle est l'essence du fameux *leitmotiv* : l'identification des timbres et des thèmes musicaux avec « les couleurs et les lignes du personnage[78] ». C'est bien ce mariage, opposé aux conventions et aux vocalises du vieil opéra, que Wagner a présenté comme sa révolution. Et il l'a inscrit dans la perspective d'une pensée nouvelle du poème qui est aussi une certaine idée de la fonction communautaire du poème : l'œuvre d'art totale. Or c'est cette fusion que Mallarmé dénonce. Wagner a opéré par fraude le mariage de deux principes et de deux époques : la nature et la musique, la représentation et le mystère, les dieux du mythe et le dieu de l'absence, le théâtre grec et la messe chrétienne. Il est l'artiste qui a eu peur de la nouveauté de son art, qui n'a pas su attendre l'heure de la foule et des fêtes de demain. Il a donc concilié la tradition théâtrale au bord de sa désuétude « avec ce que de vierge et d'occulte il devinait sourdre, en ses partitions ». La légende des dieux enfuis et la puissance du dieu absent, il en a fait un produit de synthèse : le « héros lointain », Siegfried, l'homme du mythe et des origines. Ce héros « foule une brume autant que notre sol ». À l'assistance il offre en même temps la « stupeur » des mythes et l'intimité des « familiers dehors de l'individu humain », ajoutant même, en prime pour les raffinés, l'accointance de ces mythes à l'usage du peuple avec « de hasardeux symboles ». Ce dévoiement du mystère symboliste en célébration du mythe porte un résultat politique autant que poétique :

> Avec une piété antérieure, un public pour la seconde fois depuis les temps, hellénique d'abord, maintenant germain, considère le secret, représenté, d'origines. Quelque singulier bonheur, neuf et barbare, l'asseoit : devant le voile mouvant la subtilité de l'orchestration, à une magnificence qui décore sa genèse[79].

Le compromis frauduleux entre musique et représentation est porteur d'une confusion politique redoutable. Il fait du type poétique abstrait un héros national, il transforme la communion « à travers l'espace vacant » en présence réelle à lui-même du peuple convié à la célébration de l'origine communautaire. Dès lors, la baguette du chef d'orchestre ne contient plus le mystère. Précisément, Wagner a enterré l'orchestre pour laisser le public seul avec le héros en personne, lointain et brumeux, mais présent, où il doit reconnaître le secret de son origine et de sa puissance communautaire. La musique est alors consacrée comme la religion du peuple, l'eucharistie de la présence réelle à soi d'un peuple défini comme communauté des origines, d'un peuple appelé à devenir lui-même l'œuvre d'art totale.

Ici s'affirme la rupture mallarméenne avec la fascination wagnérienne. Autant Mallarmé s'indigne de ceux qui, pour cause de nationalisme, veulent interdire *Lohengrin* à Paris, autant il oppose au projet wagnérien un « esprit français » marqué par une poétique et une politique spécifiques : poétique cartésienne de l'abstraction imaginative qui se refuse aux enchantements de la légende ; politique révolutionnaire de la justice qui tranche dans le cours de l'histoire, décapite les rois et refuse que le peuple se célèbre à leur place comme corps réel. L'acte scénique comme l'acte politique modernes se doivent d'être strictement allégoriques, de reculer toute incarnation de la puissance anonyme. Le siècle et le pays qui ont dissous les mythes d'origine et de souveraineté ne sauraient acquiescer à leur restauration. Au mythe proposant à une communauté son image vivante, il faut opposer le type « sans dénomination préalable », pure combinaison d'aspects et puissance de gestes capables, par leur abstraction, de résumer sans les incorporer « nos rêves de sites ou de paradis ». Le jeu des symboles n'a que faire de l'espace imaginaire des origines. Il n'a besoin que du « fictif foyer de vision dardé par le regard d'une foule ». Et au récit collectif amplifié par le déluge orchestral s'oppose la fable « vierge de tout, lieu, temps et personne sus », seule propre à exprimer la grandeur anonyme de la foule, « le sens latent en le concours de tous », permettant que « l'Homme, puis son authentique séjour terrestre, échangent une réciprocité de preuves [80] ».

Il s'agit donc de bien autre chose que d'une affaire de concurrence déloyale entre arts. Il s'agit du statut de la fiction et du rapport entre le statut de la fiction et la manière d'être de la communauté.

Face à la concordance entre la puissance occulte de l'« abîme d'exécution musicale » et la vaine faim de l'abîme furieux de la foule et de l'époque frustrées par l'« arrangement social », la cause de la petite sirène poétique est aussi la cause de la « justice » dont le « coup d'aile » doit « essuyer » les coupoles de verre destinées aux fêtes de l'avenir. Nous savons déjà que la fiction est beaucoup plus que l'arrangement des fables ou les délices de l'imaginaire, qu'elle est la méthode même de l'esprit humain, par laquelle celui-ci se sépare du mythe pour projeter sa lumière propre. La manière dont la musique, qui devait consacrer cette séparation, a pu, au contraire, reconduire au mythe est exemplaire. Et elle révèle aussi l'enjeu politique de la purification de la fiction, de son retour à la puissance purifiée du verbe.

Le programme est donc clairement tracé. À l'hymen fascinant et désastreux de la tempête musicale et de la nef poétique, il faut opposer le retour de la fiction à la puissance du verbe purifié par l'abstraction musicale. La révolution que la musique opère par rapport au langage du journal et au statut représentatif du théâtre est une chose trop sérieuse pour être laissée à l'impatience aveugle des musiciens. C'est au langage des mots de retraduire la révolution que le langage des « déchirures instrumentales » introduit dans le poème et dans le rituel humain,

[...] car, ce n'est pas de sonorités élémentaires par les cordes, les bois, indéniablement, mais de l'intellectuelle parole à son apogée que doit avec plénitude et évidence résulter, en tant que l'ensemble des rapports existant dans tout, la Musique [81].

Tel est l'enjeu fondamental de la « crise de vers » que le vers impair de Verlaine a inaugurée, que le vers libre poursuit et que les rêves contemporains d'« instrumentation verbale » veulent régler. Dans la « brisure des grands rythmes littéraires » et leur « éparpillement en frissons articulés proches de l'instrumentation », ce qui est en gestation est l'art d'« achever la transposition, au Livre, de la symphonie », la reconquête par la poésie de son propre bien, qui est aussi « le procédé même de l'esprit humain ».

Le devoir du livre

Ici commence la difficulté de Mallarmé, qu'il faut bien cerner. Ce qui est difficile, ce n'est pas de comprendre ce que Mallarmé dit dans ses poèmes. Ce qui est difficile, c'est la tâche qu'il se propose comme poète. Cette difficulté, à son tour, doit être séparée des considérations psychologiques générales relatives à l'angoisse devant la page blanche. Le problème propre de Mallarmé n'est pas celui de l'écolier ou de l'obsessionnel qui se demande comment il va noircir sa page. Le problème propre de Mallarmé est lié au fait que le blanc de la page n'est pas seulement le support matériel du poème ou l'allégorie de son obligation. Il appartient au mouvement et à la texture même du poème. La surface d'écriture est le lieu d'un avoir-lieu. Le blanc qui achève le poème est le retour au silence d'où il est sorti, mais ce n'est plus le même blanc ni le même silence. C'est un silence déterminé où le hasard de la feuille quelconque a été vaincu. Et cette victoire n'est pas le simple exercice d'une virtuosité. Elle appartient au mouvement par lequel l'homme s'approprie une humanité à la mesure du jeu du monde. À l'éclat, lumineux sur fond obscur, de l'« alphabet des astres » répond le mouvement de l'écriture : « l'homme poursuit noir sur blanc ».

Autrement dit, le problème ne tient pas au fait d'écrire, mais à la mission qui est attribuée au poème et aux contraintes qu'elle impose à son écriture. Récapitulons les choses : le poème n'est pas seulement une « œuvre d'art ». La fiction n'est pas simplement le travail de l'imagination. Elle est proprement ce qui doit assumer la succession de la religion comme élévation de l'humain à sa grandeur et principe d'une communauté accordée à cette grandeur. Ce qu'elle doit faire succéder à la religion, ce n'est ni la démystification prosaïque de son contenu céleste, ni la réappropriation au compte de l'humanité de sa sacralité. En bref, elle ne doit pas constituer elle-même une nouvelle religion, pas même celle de l'homme. Remontant plus haut que la religion musicale, elle doit nous reconduire vers l'origine de toute religion, « les poèmes immanents à l'humanité ou leur originel état[82] ». Mais ces poèmes originaux de l'humanité ne sont pas des mythes enfouis dans l'inconscient collectif, ce sont des formes-de-monde à ressusciter dans l'ordonnancement des mots. Le poème propre à servir cette fonction est lui-même soumis à un strict ensemble de conditions. Il ne peut plus raconter d'histoires à l'ancienne ni décrire ce que la nature suffit à produire, mais pas davantage remplacer la description des personnages, des sentiments et des objets par l'énonciation de messages philosophiques. Comme le résume le jeune Valéry, la « haute symphonie » du poème libère le poète « du banal secours des banales philosophies, des fausses tendresses et des descriptions inanimées ». Mais, en se détournant de la représentation comme de la dissertation, le poème ne saurait abdiquer le privilège de la parole et de la pensée pour l'ineffable du chant. Et s'il a l'instantanéité d'un acte évanouissant, il ne s'identifie pas pour autant au pur *happening* de l'œuvre d'art vivante, à l'effusion de la communauté se présentant à elle-même. Mallarmé « révère l'opinion de Poe » : nul vestige d'une philosophie ne doit transparaître dans l'œuvre. Mais il ajoute aussitôt qu'il la faut, « incluse et latente ». Qu'est-ce donc qu'une « philosophie latente » ? Assurément, ce ne peut être, sans ruiner les postulats posés, un « sens philosophique » à découvrir dans la fable du poème. Si la philosophie est présente, ce doit donc être dans la manière spécifique dont la pensée « a lieu », dont l'Idée s'inscrit en forme de poème, en deçà des formes ordinaires de la pensée discursive. À cette inscription première, le texte de Mallarmé donne une double figure : jaillissement du chant en deçà du concept, inscription de son pouvoir de pensée en deçà des mots, dans le blanc qui sépare et encadre les lignes du chant :

> Le chant jaillit de source innée : antérieure à un concept, si purement que refléter au-dehors mille rythmes d'images. [...] L'armature intellectuelle du poème se dissimule et tient – a lieu – dans l'espace qui isole les strophes et parmi le blanc du papier[83].

Le poème comme pensée : une histoire séculaire

Comment comprendre le rapport de ce jaillissement inné et de cette architecture invisible, comme « philosophie » latente et effective du poème ? Il faut pour cela réinscrire le projet mallarméen dans une discussion sur les pouvoirs de pensée du poème qui a, elle aussi, l'âge du siècle. Au temps où Hegel, Schelling et Hölderlin inscrivaient sur un feuillet le projet d'une poésie-religion du peuple, les frères Schlegel avaient élaboré l'idée d'une poésie-pensée, d'une poésie faisant œuvre de pensée et capable d'une réflexion à l'infini sur elle-même. C'était l'époque où les jeunes penseurs d'Allemagne se proposaient de prolonger la Révolution « gelée » de France en élaborant ce qui lui avait manqué : une révolution spirituelle. Et, dans l'idée de cette révolution spirituelle, venaient tournoyer ensemble toutes sortes de découvertes ou de redécouvertes du temps : la décomposition chimique des corps, la chimie kantienne des facultés de l'esprit, les pouvoirs dissolvants de l'ironie et la dissolution révolutionnaire des anciens ordres ; l'énergie électrique, le dynamisme leibnizien et la fantaisie transcendante du *Don Quichotte* retraduit ; la *natura naturans* spinoziste, la puissance redécouverte du mythe et de l'*epos* antiques et le magnétisme animal ; la science qui déchiffre les hiéroglyphes, celle qui pénètre le sens vivant des symboles et celle qui lit l'âge et la loi de la constitution des minéraux ; la puissance de la nature manifestée dans ses formations, le pouvoir des images et le roman de formation de l'âme artiste, qui avait trouvé dans le *Wilhelm Meister* sa bible. La « poésie universelle progressive » ainsi nommée par Friedrich Schlegel combinait, au sein de ce tourbillon, deux images maîtresses. D'un côté, la théorie du mot d'esprit définissait une poésie électrique, instaurant, entre les mots et les significations usés, les différences de potentiel génératrices de l'éclair qui les réveillerait à la vie et instaurerait des potentialités de sens nouvelles et indéfiniment renouvelables. De l'autre, la théorie du symbole inscrivait cette puissance d'électrisation dans une histoire naturelle de la poéticité : histoire d'une puissance poétique de la nature et de la vie créant sans cesse des formes nouvelles et s'écrivant elle-même, en figures de plus en plus élaborées et signifiantes, sur ces formes. Les jeux du *Witz* poétique pouvaient alors couronner ce mouvement d'une poéticité inscrite déjà dans les formes inférieures de la nature, présente déjà dans la structure de ce poème collectif qu'est le langage et appelée à des formes toujours plus hautes de symbolisation de soi. La puissance de pensée du poème était en même temps la puissance de l'esprit qui nie toute détermination finie et tout sens figé, et la puissance de la vie qui ne cesse de s'élever, par sa réflexion sur soi, à des formes nouvelles.

Dans ses *Leçons sur l'Esthétique,* le vieil Hegel avait mis ordre à ce dévergondage de pensée. Il avait fait voler en éclats l'idée du poème du poème, du poème comme « réflexion de soi », dans laquelle les deux frères avaient généreusement identifié la puissance active de la pensée qui se connaît elle-même à la vertu inerte du miroir qui renvoie les images. À tout pouvoir de « connaissance de soi » du poème il avait opposé le clair partage de deux modes d'existence de la pensée. Il y avait, d'un côté, la pensée hors de soi, la pensée devenue âme du tableau, sourire du dieu de pierre, image et rythme du poème ; la pensée tout entière prise dans le matériau qu'elle anime et élève à l'idéalité : pierre, bois, couleur, son ou langue. Il y avait, de l'autre côté, la pensée dans son élément propre, n'ayant plus affaire à d'autre matériau qu'un langage de signes indifférents à ce qu'ils signifient. Ce partage fixait les pouvoirs de la poésie et ses limites. En celle-ci, comme en tout art, l'esprit ne se manifestait que comme la puissance d'organisation et d'intériorité d'un sensible. Et sans doute la poésie était-elle l'art où la matière était la plus ténue. Elle avait le plus idéal des contenus : les représentations mêmes de l'esprit, et le plus idéal des matériaux : la langue. À travers son pouvoir de frapper les mots en images, plus qu'à travers tout autre art, la conscience prosaïque se trouvait éclaircie, l'esprit cheminait vers sa propre élucidation. Elle était donc « l'art général ». Mais cette puissance avait son strict complément. Les autres arts éprouvaient la résistance de la pierre, du bois ou de la couleur étalée sur une surface à manifester la pensée. La poésie, elle, avait seulement affaire avec la forme la plus pure, la forme suprême de l'opacité qui résiste à l'esprit : l'opacité de l'esprit à lui-même et la résistance de la langue à devenir le simple instrument de la pensée. La puissance de pensée de la poésie est celle d'un esprit qui ne se connaît encore que dans la figure et le rythme d'un langage encore pris lui-même dans le figuré de l'image et l'épaisseur temporelle de sa matérialité. Plus qu'en tout autre art apparaît en elle cette loi générale : il n'y a d'art que là où il y a de la pensée qui ne se pense pas elle-même, de la pensée séparée d'elle-même.

On peut le dire autrement : l'esprit peut s'exprimer sous trois aspects matériels : il y a la forme plastique, où il exprime adéquatement dans un matériau résistant ce qu'il sait – et, du même coup, ce qu'il ignore – de lui-même ; il y a le langage des signes, le langage fonctionnant comme simple médium de communication, commun à la prose moderne du monde des intérêts et des lois et à l'expression de la pensée en elle-même. Il y a enfin un troisième mode : celui du symbole. C'était le mode privilégié de la théorie romantique du poème : le sens non plus enfermé dans la solitude des mots, mais inscrit dans la texture même du sensible, témoin de la puissance d'un esprit qui crée des formes vivantes, porteuses déjà, même obscurément, d'une signification à déchiffrer par une forme supérieure de poème. C'est là que porte l'opération chirurgicale de Hegel. Cette double nature du symbole est pour lui un signe non de force mais de faiblesse. Le symbole est cet être chauve-souris qui tient de la forme et du signe à la fois. Il est la forme qui nous dit : ne vous y trompez pas, je suis plus que de la forme, je suis l'écriture d'une pensée. Il dessine et fait reconnaître un lion, mais veut en même temps que nous y reconnaissions la force, la majesté ou un roi. Il construit une pyramide de pierre et veut que nous y lisions le mystère de la mort et de l'au-delà. Mais, à l'inverse, il est l'écriture qui prétend être plus que l'écriture, présenter déjà la forme sensible de ce qu'elle nomme. Voulant cumuler les pouvoirs de la forme et de la pensée, il les manque tous les deux. Car la forme ne parle que là où elle est limitée à son propre pouvoir. Ainsi la statue grecque exprime dans sa perfection plastique l'idée, toute matérielle encore mais bien déterminée, que le peuple grec se fait de la divinité. Elle livre tout entière à la pierre une pensée qu'il reviendra à un discours ultérieur de traduire dans le langage des mots et dans l'histoire de l'esprit. Le symbole, lui, veut prendre de l'avance, inscrire le sens qu'il ne maîtrise pas dans la matière qu'il ne parvient pas à mettre en forme. Il laisse voir le travail d'une intention qui s'efforce, sans y parvenir, de mettre une idée dans une matière, qui cherche à définir l'idée du courage et ne trouve qu'un lion, dessin privé de la puissance d'esprit de la forme, réduit au rôle de substitut d'une pensée. Le symbolisme, alors, n'est pas seulement le premier âge de l'art, c'est, plus généralement, le défaut de la pensée à se donner corps, le nuage qui flotte à la frontière des deux modes de la pensée et qui menace la pensée qui prétend réunir les deux.

C'est précisément la menace qui pèse sur la prétention de la poésie à être pensée par elle-même, pensée d'elle-même. Forme suprême de l'art, la poésie a épuré en même temps les représentations de l'esprit et la matière du langage. Elle les a menées au point où un esprit clair à lui-même peut se dire dans un langage exact et se reconnaître dans les formes où il s'était extériorisé. Autant dire que l'esprit, pour se connaître lui-même, n'a plus besoin de la poésie mais aussi que la matière même de la poésie se dérobe à elle. Car la poésie vivait d'une double opacité : l'opacité de la langue, sa résistance à la traversée du sens, mais aussi l'opacité de l'esprit à lui-même, cette distance à soi qui le contraignait à se chercher dans la matérialité de la figure. Là où cette double opacité n'est plus, la poésie perd sa finalité inconsciente de forme. Elle cherche alors à compenser ce qu'elle perd en puissance de forme en sautant de l'autre côté de la barrière, en s'attribuant la puissance de la pensée se connaissant elle-même. Mais elle cesse ainsi d'être poésie, sans devenir philosophie pour autant. Elle se perd dans les brumes de l'humour et du sentiment, dans le nuage frontalier du symbole qui enferme ceux qui veulent occuper les deux côtés à la fois. Il faut que la pensée soit d'un côté ou de l'autre, dans l'intériorité de la pensée ou dans l'extériorité du sensible. L'œuvre qui prétend unir ces deux modes de la pensée les manque tous deux. Le « poème du poème » est simplement le poème qui veut faire de la défection de sa forme la preuve de son caractère de pensée.

Musique, danse, poème : le cercle de la « mimésis »

Mallarmé semble n'avoir connu la pensée hégélienne que par personnes interposées. Sa pensée du symbole poétique ne s'en définit pas moins dans le cadre du partage tracé par celle-ci. Elle relève à sa manière le défi ou l'interdit hégélien. Sans doute est-elle loin de la théorie romantique du symbolisme généralisé. La théorie « française » de la fiction récuse cette présence du sens à même la puissance de formation des choses. Elle maintient strictement le partage de la nature, qui est simplement, et de son au-delà. Elle revendique en revanche pour le poème le pouvoir qu'Hegel lui a dénié : celui d'une pensée qui est identité immédiate de la pensée et de la forme, dans l'élément même de la pensée ; celui d'un langage abstrait qui écrit en même temps, dans le tracé des signes, la puissance de pensée qui lui donne lieu. La poésie « proche l'Idée », dit Mallarmé. Mais comment penser cette proximité ? Dans son contexte immédiat, elle oppose l'articulation signifiante du verbe poétique aux prétentions de la musique instrumentale et de son langage, commodément dispensé de s'expliquer. Mais si la poésie est proche (de) l'idée, c'est qu'elle est

« musique par excellence », la vraie musique dont l'autre n'est que l'imitation ; bref, que le mode de manifestation suprême de l'Idée est une musique pure dont les cordes et les bois ne donnent que l'imitation. Mais c'est un rapport singulièrement complexe qui se tisse ici entre le modèle et la copie. La poésie est plus musicale que la musique pour deux raisons données comme équivalentes : parce qu'elle est l'art du verbe, de la pensée exprimée, qui s'oppose au « mutisme » de l'orchestre, et parce qu'elle est l'art du silence, du « tacite concert » ou du « tacite envol d'abstraction » qui s'oppose à son fracas – « la même chose que l'orchestre sauf que littérairement ou silencieusement[84] ».

Comment comprendre le rapport de ce mutisme et de ce silence ? La musique présentait le paradigme d'un langage qui, plus radicalement que l'abstraction conceptuelle, écarte la « brutalité » de la désignation ; d'un langage sensible du nombre, propre à remplacer les choses par les rapports qui les lient et à faire communiquer directement, en un lieu et un temps déterminés, l'harmonie de ces rapports avec les « types » et les « accords » de notre théâtre intérieur comme avec la grandeur inconsciente de la foule rassemblée. Dans la présentation musicale, ce ne sont plus les choses qui sont mimées, mais l'idée elle-même. La fiction musicale dessine l'idée sous forme de rythme. Elle la dessine en son nouveau statut : unité en acte de fragments épars de beauté, réveillant, par la distribution des voix, des motifs et des différences d'intensité, la poéticité sommeillant au cœur d'une multiplicité quelconque. La musique purifie la fiction, l'écarte de la figure pour la confier à la puissance intellectuelle du rythme. Elle retrouve, en somme, son sens grec et sa fonction platonicienne : transcription de l'harmonie mathématique qui fait un *kosmos,* puissance de susciter dans l'âme de l'individu et de la cité la virtualité d'une harmonie imitant l'harmonie des êtres divins ou, en termes mallarméens, la pièce écrite au folio du ciel. « Employez musique dans le sens grec, au fond, signifiant idée ou rythme entre des rapports[85]. » C'est cette idée de la musique que l'orchestre imite et qu'il trahit à la fois par le mutisme bruyant et « industriel » des cordes à boyaux et des pistons.

L'orchestre est ainsi comme la lettre muette et bavarde qui ne sait ce qu'elle dit. Mais le vieux thème platonicien prend ici une figure paradoxale. Car, chez Mallarmé, à l'inverse de Platon, le discours vivant s'appelle écriture. C'est l'écriture qui est la parole de l'esprit contre le mutisme bavard des voix : fracas de l'orchestre, mais aussi discours du concept qui ne dépasse pas lui-même la puissance des « plus beaux discours émanés de quelque bouche ». Le mode d'expression de la pensée comme rythme est antérieur et supérieur à son mode discursif. Il dessine non point le résultat d'une pensée, mais le mouvement même de son essor. La dialectique du vers ressuscite au degré glorieux ce qui, tout sûr, philosophique, imaginatif et éclatant que ce fût, [...] ne resterait, à son défaut que les plus beaux discours émanés de quelque bouche. À travers un nouvel état, sublime, il y a recommencement des conditions ainsi que des matériaux de la pensée sis naturellement pour un devoir de prose : comme des vocables, eux-mêmes, après cette différence et l'essor au-delà, atteignant leur vertu [86].

La « dialectique du vers » s'introduit au prix d'un retournement remarquable. La musique de l'orchestre congédiait la grossièreté de la figure imitative et du théâtre de la représentation. La musique première du poème épure la grossièreté du tumulte orchestral. Mais c'est sur un théâtre nouveau que la pensée fait voir à nu son « coup d'aile », la figure de son mouvement, que l'esprit se fait voir lui-même comme théâtre. Seule cette théâtralisation rend aux mots leur « vertu » première d'avant le discours. Qu'est-ce en effet que cette vertu originelle des mots ? Il y a deux manières seulement de l'entendre. La première est la vieille et indéracinable idée raillée par Platon dans le *Cratyle* : les sons des mots semblables à ce qu'ils disent. Sans doute Mallarmé, dans *Les Mots anglais* donne-t-il plus d'un gage à un néo-cratylisme, s'enivrant, au chapitre des sifflantes, de la rapidité et du gonflement du *sw*, de la stabilité et de la franchise du *st*, des bons sentiments du *sm* ou de la perversité rampante du *sn*. Mais cette science des sons annonce d'emblée la couleur de la chimère, et « Crise de vers » fixe une fois pour toutes le principe : c'est parce que les mots ne ressemblent pas aux choses que le vers reçoit sa fonction de monnaie supérieure et de mot neuf, plus proche de la pensée. Si l'essor du vers donne aux mots leur vertu, ce n'est pas en les rapprochant de leur origine, c'est, au contraire, par le mouvement oblique qui les tire hors d'eux-mêmes et leur permet de s'allumer de « reflets réciproques comme une virtuelle traînée de feux sur des pierreries [87] ».

On se trouve alors devant le cœur hégélien du problème : comment faire pour que cette pyrotechnie « silencieuse » des mots soit plus que la belle métaphore qui illustre une pure intention vide ? Où trouver le paradigme permettant de penser le poème de l'esprit pur, en entendant par là non point celui qui, comme chez Vigny, célèbre la pureté de l'esprit, mais celui qui en présente le théâtre effectif ? À cette question, nous pouvons donner une réponse, surprenante au premier abord. Le théâtre de l'esprit pur que la page d'écriture doit instituer a un modèle privilégié : le ballet, l'art mineur oublié par Hegel. La musique silencieuse de l'esprit, son écriture à nu, ne s'illustre nulle part mieux que dans les figures que trace avec ses pas, voire même, comme Loïe Fuller, avec les mouvements de sa jupe, la ballerine illettrée. Mieux que la musique, plus précisément qu'elle, la danse institue le lieu pur d'une idéalité. Jamais, par leur seul acte, les pas ne seront à même de représenter ou de suggérer quelque objet, histoire ou sentiment. Mais, précisément, la capacité fictionnelle pure d'un art est en raison inverse de ce qu'il offre aux jeux ordinaires de la reconnaissance. De l'« éparse beauté générale, fleur, onde, nuée et bijou », la « forme envolée » de la danseuse ne nous donnera jamais la représentation ni même l'impression. Ce qu'elle dessine, c'est le pur trajet entre un aspect virtuel et un esprit qui peut le « deviner », le reconnaître analogue aux types et accords de son théâtre intérieur. Elle effectue ainsi le programme proposé au poème nouveau : « Instituer une relation entre les images, exacte, et que s'en détache un tiers aspect fusible et clair présenté à la divination [88]. » Et elle donne son exact modèle à la « disparition élocutoire » du poète, en s'évanouissant comme individualité dans la pure écriture des pas qui fait disparaître toute anecdote :

> Le jugement, ou l'axiome, à affirmer en fait de ballet !
>
> À savoir que la danseuse *n'est pas une femme qui danse,* pour ces motifs juxtaposés qu'elle *n'est pas une femme,* mais une métaphore résumant un des aspects élémentaires de notre forme, glaive, coupe, fleur, etc., et *qu'elle ne danse pas,* suggérant, par le prodige de raccourcis et d'élans, avec une écriture corporelle ce qu'il faudrait des paragraphes en prose dialoguée autant que descriptive, pour exprimer, dans la rédaction : poëme dégagé de tout appareil du scribe [89].

De la même manière, l'appel au « fractionnement » de motifs égaux et à la « réciprocité de feux » entre les mots du poème trouve son strict modèle dans la loi chorégraphique : « que le premier sujet, hors cadre, de la danse, soit une synthèse mobile, en son incessante ubiquité, des attitudes de chaque groupe : comme elles ne font que la détailler, en tant que fractions à l'infini [90] ». C'est ce pur rapport de réciprocité des types et de synthèse de leurs attitudes que perd la « loquace vacuité » du théâtre, telle qu'elle s'illustre sur la scène du Théâtre français, où les sociétaires qui jouent Laerte ou Polonius veulent imposer leur « personnage » au lieu de n'être que les figurants, les motifs de tapisserie que résume leur ombre juvénile, le « seigneur latent qui ne peut devenir », Hamlet. La véritable écriture de l'esprit se donne à voir dans la pure figure plastique, telle que l'illustre le discours muet de la danseuse, où se résument « les quelques équations sommaires de toute fantaisie [91] ».

Le poème de l'esprit pur est alors entraîné dans une singulière spirale. Le langage muet de la musique l'avait libéré de la grossièreté figurative et représentative. Mais il avait dû avouer le vide de ce langage sans mots, caché par le fracas des sons nus. Il s'était avoué comme copie ou caricature de la vraie musique, silencieuse, du poème. De cette musique silencieuse des mots de l'idée, la ballerine avait alors donné le modèle : écriture de vérité, écriture sans mots. L'extériorité de la figure revenait alors comme modèle de la manifestation de l'idée. Mais c'est encore sur le mode du simulacre que cette « très peu consciente inspiratrice » en offre la réalisation, simulant avec les mouvements de sa robe « une impatience de plume vers l'idée ». Seul le regard du poète « au rêve habitué » est à même d'y reconnaître la chorégraphie de l'esprit que les chorégraphes de la scène méconnaissent. Le ballet semblait fournir au poème son modèle. Il n'est encore que sa caricature. L'écriture muette de la danseuse copie vainement et inconsciemment la vraie chorégraphie de l'idée qui est celle des mots du poème. Toujours le « livre de vers » apparaît comme le vrai théâtre de l'esprit, le théâtre qui n'imite que l'Idée et dont tout autre art est la simple imitation. Mais jamais Mallarmé n'arrive à penser ce modèle premier sinon comme l'imitation de ses imitations. En ce recours infini, Jacques Derrida loua naguère la subversion par Mallarmé du système platonicien de l'idée-modèle et de la copie[92]. Mais deux choses sont à distinguer. Mallarmé congédie l'art de la représentation et l'idée-modèle, mais il maintient pour le poème un statut mimétique : le poème n'imite aucun modèle, mais il trace sensiblement le mouvement de l'idée, l'idée comme le mouvement de son propre jaillissement. Que l'idée même ne soit que fiction, cela n'empêche pas qu'il y ait une copie première de son mouvement, à retrouver, mimée dans l'écriture des timbres ou des pas, et à rapatrier au livre en son antériorité. L'artifice suprême doit être une copie véridique de la pièce écrite « au folio du ciel ». La copie première ne peut montrer son modèle. Elle n'en doit que plus impérieusement s'authentifier, montrer par le point dernier qui la sacre et le silence qui la clôt qu'elle est bien cette copie première. Elle doit présenter les « preuves nuptiales » de l'Idée, le rituel ou le sacrement premier dont les autres répètent le symbole.

Le problème du blanc de la page, le rêve et le recul infinis du livre sont à penser dans cette logique. Ils ne relèvent pas d'une angoisse que le psychanalyste aurait à nous expliquer ou de la reprise d'un rêve ésotérique millénaire dont les spécialistes en kabbale auraient seuls la clef. L'« explication orphique de la terre » dont Mallarmé poursuit le propos n'est pas l'affaire des kabbalistes et le recul du livre ne vient point des lourds secrets qu'il aurait à nous transmettre d'une longue tradition. La tâche d'Orphée ne suppose pas de longues veillées sur les vieux grimoires, seulement un court aller et retour au pays des morts, pour ramener à la surface la disparue sans se retourner vers elle, sans la constituer en objet de regard. Au poète « orphique », de même, il suffit, pour toute cosmogonie, d'inscrire le rite premier de l'idée, projetant sur ce qui seul est la lumière de ce qui a disparu, de montrer, dans son authenticité, un feuillet du livre qui authentifie notre séjour. Il faut seulement montrer que ce feuillet est bien authentique, qu'il imite bien l'idée, cette « musique des rapports entre tout », dont l'imitation authentique ne se laisse jamais apercevoir que dans des copies qui la falsifient.

Cercle de la *mimésis* : le poète qui « d'aucuns fruits ici ne se régale » et refuse de mimer « les banales philosophies, les fausses tendresses et les descriptions inanimées » n'en est que plus strictement tenu d'attester que c'est bien la saveur de leur « docte manque », le parfum de l'absente de tous bouquets qu'il a mis dans son poème. Cela, les mots seuls peuvent l'attester, mais aussi ils y sont toujours insuffisants, à moins que l'arabesque qui les relie en phrase ne vienne s'égaler à quelque moule originaire de la syntaxe, et montrer l'adéquation de sa structure aux « primitives foudres de la logique[93] » ; à moins que leur disposition sur la page d'écriture ne mette entre eux une distance égale à celle qui sépare les lueurs d'esprit que l'idée mobilise. Au défaut de l'écriture, depuis Platon, c'est toujours une autre écriture qui doit suppléer : moins qu'écrite, semblable au souffle de l'esprit ; plus qu'écrite, avérée dans le corps de celui qui accomplit la parole ou gravée dans la texture même des choses. La théorie mallarméenne de la fiction récuse les figures de l'incarnation charnelle et du souffle immatériel. Il faut alors que les deux figures de l'autre écriture se réunissent dans la seule matérialité du livre. Celui-ci est plus qu'écrit : il est le jet de l'idée, l'éclair d'esprit matériellement reproduit dans la déclivité des mots sur la page. Il est moins qu'écrit : il fait tenir la puissance de l'idée dans le seul blanc qui donne au poème son architecture invisible. La vraie chorégraphie de l'idée, c'est le papier qui doit l'attester dans la disposition, sur le blanc de la page ouverte, des lignes inégales de caractères empruntés aux diverses polices susceptibles de reproduire la topographie du théâtre de l'esprit, dans l'authenticité qui l'égale au folio du ciel.

Le feuillet authentique

C'est là, on le sait, la disposition du *Coup de dés*. De ce poème non plus, il n'est pas trop difficile de comprendre ce qu'il « veut dire ». Nul besoin d'y retrouver, comme tel interprète, les sept jours de la création du monde. Ce n'est point l'Esprit de Dieu qui souffle sur ses eaux. Le décor qu'il plante est celui que nous connaissons déjà : course de la nef poétique sur l'océan de l'époque. Au temps de Vigny, on y jetait, en alexandrins, la bouteille du message poétique destiné à une postérité, chargée de la tâche identique de toute postérité : recueillir l'héritage de l'idéal méconnu en son temps. À l'époque de Mallarmé, on a « oublié la manœuvre », perdue avec la barre antique de l'alexandrin – sabotée par les adeptes du vers impair et du vers libre, emportée en sa tombe par l'ogre hugolien. Mais cette perte du savoir traditionnel se lie à un savoir plus exact sur l'océan du temps qui doit transmettre au futur le legs du présent. L'Océan ne métaphorise plus le passage des tribulations du temps aux triomphes de l'avenir. Il est l'abîme de vaine faim, l'ouverture de gueule de la Chimère, prêts à consommer par avance cet avenir, à adapter leur profondeur béante à toute coque de navire. La « crise de vers » fait elle-même partie de la « crise idéale », qui fait complément à la crise sociale. La

« crise idéale », c'est l'absence de l'or idéal propre à fonder le culte populaire, l'« amplification à mille joies de l'instinct de ciel en chacun[94] ». C'est, corrélativement, l'insatiable faim de chimère de la foule frustrée par l'arrangement social, la « poussée de cohue jubilant si peu qu'elle aperçoive une imagerie brute de sa divinité[95] ». Cette « conflagration de l'horizon unanime » invite au geste décisif, illuminant de l'or du vaisseau qui sombre les fêtes de l'avenir. Mais ce jet ne peut plus être celui du message confié au temps, enfermé dans sa bouteille. Ce que « l'horizon unanime » contient de promesses et de menaces mêlées interdit le jeu ancien de la bouteille à la mer, la partie jouée « au nom des flots ». L'oubli de la manœuvre ancienne et le changement des accessoires signifient ceci aussi : l'esprit n'est plus ce qu'on jette à la mer, un message à enfermer sous contenant étanche. Il est la pure puissance de se projeter, de tracer sur un espace propre un dessin de lui-même. Avec ses deux dés, l'esprit doit, sur le lieu qui le nie, instituer son lieu, créer son théâtre : grand naufrage ou ondoiement de sirène ? « Mystère précipité hurlé » ou « insinuation simple au silence enroulée avec ironie » ? L'occasion unique est aussi le risque absolu. Il faut transmettre et ne pas livrer le nombre. Il faut le transmettre parfait, victorieux, mot par mot, du hasard sous sa triple figure : personnalité de l'auteur, trivialité du sujet, irréductibilité de la langue. Mais ce hasard vaincu, rite accompli de l'Idée, ne sera jamais lui-même que jet de dés, affirmation hyperbolique de la pure contingence. Et ce jeu du hasard nié et réaffirmé, il faut lui-même le livrer, sans l'y perdre, à un autre hasard, celui de l'abîme éployé, prêt à l'engloutir. Il faut donc inclure dans le jeu l'hésitation à le jouer, dessiner dans le jet du poème, dans sa « victoire » sur son hasard propre, la partie hasardeuse qu'il joue avec l'abîme. Il faut déployer, pour les fêtes du futur, et dérober au gouffre présent de vaine faim ce « recommencement des conditions ainsi que des matériaux de la pensée ». À ce prix, le tracé évanouissant de l'idée n'est pas une partie nulle, égalité des hypothèses apportées et emportées par l'écriture des lignes comme par celle des pas, mais il opère ce « triomphal renversement » dont parle « L'action restreinte », projection du doute radical en hyperbole céleste, fixation de la fiction tournoyante en un point fixe où la constellation inscrite sur « quelque surface vacante et supérieure » avère le chiffre de ses étoiles comme rite exact de l'Idée, fragment authentique du Livre : « heurt successif / sidéralement / d'un compte total en formation / veillant / doutant / roulant / brillant et méditant / avant de s'arrêter / à quelque point dernier qui le sacre [96] ».

Ce que « dit » le poème, en un sens, nous le connaissons, par la sirène de « À la nue accablante » et le septuor du « Sonnet en − yx », par le dilemme que mettent en scène les proses de « Quant au Livre » ou les méditations qui accompagnent les chroniques de *Crayonné au théâtre*. Mais il y a ce que le poème dit du poème et ce que le poème effectue comme poème. Il y a ce que le poème effectue dans sa particularité, une élévation singulière de calice, et il y a le sacrement premier que cette élévation répète. Le *Coup de dés* a perdu sa partie s'il n'énonce rien d'autre que l'idéal ou la métaphore du travail poétique. Mais il ne l'a pas encore gagnée s'il n'est qu'une effectuation singulière de cette idée du poème. Il doit être le sacrement initial par lequel toute effectuation et la sienne en particulier sont consacrées. Ce que le Livre doit faire, ce qu'il doit étaler sur la feuille double et dérober dans le repli du volume, c'est fixer et authentifier le rite premier. Faute de cette authentification, le poème singulier procède encore à la manière de la danseuse, « piquant » un objet et déroulant « notre conviction en le chiffre de pirouettes prolongé vers un autre motif [...] sans qu'aucun moment garde de réalité et qu'il se passe, en fin de compte, rien[97] ». Rien de péjoratif, assurément, dans ce « rien » qui oppose glorieusement la pure fiction aux banalités de la représentation. Encore faut-il que soit assuré son nouage avec l'infini « aussi loin qu'un endroit fusionne avec au-delà[98] ». Le Livre, ou son feuillet témoin, assure ce nouage. Mais il l'assure à la condition de présenter la figure matériellement ressemblante de ce qu'il dit et de ce que le poème fait en général. Le jeu du navire et de l'Océan, de la main qui retient et projette, du dé qui roule et du compte sidéral s'arrêtant au point du sacre doit être avéré pour tout poème à venir, pour tout feu d'artifice illuminant les fêtes du futur. C'est ici que la mimétique antimimétique de l'Idée atteint son point de paradoxe. Seule la *mimésis* typographique peut attester que c'est bien le jeu premier de l'esprit qui s'inscrit ici. Mais aussi, elle ne peut l'attester qu'au prix de mimer simplement sur la double page l'inclinaison du navire ou le tracé de la constellation. On connaît les pages célèbres où Paul Valéry résume l'effet ressenti à voir la tempête de la pensée ainsi projetée noir sur blanc : « Il me sembla voir la figure d'une pensée pour la première fois placée dans notre espace [...]. Ici, véritablement, l'étendue parlait, songeait, enfantait des formes temporelles. L'attente, le doute, la concentration étaient *choses visibles*. Ma vue avait affaire à des silences qui auraient pris corps [...] là, sur le papier même, je ne sais quelle scintillation de derniers astres tremblait infiniment pure dans le même vide interconscient où, comme une matière de nouvelle espèce, distribuée en amas, en traînées, en systèmes, *coexistait* la Parole ! [...] Il a essayé, pensai-je, *d'élever enfin une page à la puissance du ciel étoilé*[99]. » Mais la condition de cette pure *mimésis* de la pensée pure est donnée par Mallarmé sans équivoque. Le poème qui refusait d'inclure au papier subtil la pierre du palais ou le bois de la forêt doit strictement imiter l'« histoire » qui est sa métaphore :

La constellation y affectera d'après des lois exactes, et autant qu'il est permis à un texte imprimé, fatalement, une allure de constellation. Le vaisseau y donne de la bande, du haut d'une page à l'autre, etc. : car [...] le rythme d'une phrase au sujet d'un acte ou même d'un

> objet n'a de sens que s'il les imite et, figuré sur le papier, repris par les Lettres à l'estampe originelle, en doit rendre, malgré tout quelque chose [...]. La littérature fait ainsi *sa preuve* : pas d'autre raison d'écrire sur du papier [100].

La littérature doit faire sa preuve. Au temps de la *mimésis* et des Belles Lettres, des genres et des arts poétiques, il suffisait que chaque poème montre sa fable et son style appropriés aux règles et aux usages du genre qu'il illustrait : preuve formelle à laquelle s'ajoutait – ou se substituait, selon les cas – la preuve par les effets : le plaisir ou l'émotion ressentis par les gens de goût. En dernière instance, la nature du représenté prescrivait les formes de sa représentation : aux rois la tragédie, aux bourgeois la comédie, aux bergers la pastorale, avec les mètres et les figures qui conviennent à chacun. Le mot de littérature veut dire d'abord ceci : le représenté ne prescrit plus ni genre ni style. Aucun écrit ne peut désigner la règle qui le légitime ni le public qui témoigne pour lui. Il doit, à chaque fois, prouver qu'il est bien de la littérature, une effectuation singulière de cette puissance sans norme qui est vérifiée par son seul acte. Cette obligation entraîne un premier paradoxe, qu'on peut appeler le paradoxe de Flaubert : la littérature prouve d'autant mieux que cette puissance est bien la sienne qu'elle doit moins à son représenté. Elle fait, ligne à ligne, la preuve de son infime et décisive différence. Ce qui veut dire aussi qu'elle est, à chaque ligne, au bord de l'annulation, qui, en tout cas, triomphera dans le blanc suivant le dernier mot. Refuser cette fuite en avant qui a nom *prose,* c'est exiger de la littérature qu'elle inscrive en elle non seulement le rythme qui sépare le vers du journal, mais aussi le geste initial qui la consacre, la présence réelle de son idée.

La littérature retrouve alors le cercle de la preuve chrétienne de l'Écriture. Le Livre devait prouver qu'il était bien la parole de Dieu, par l'incarnation du Verbe, la consécration du pain et du vin, le corps souffrant sur la croix, mort et ressuscité. Encore fallait-il prouver par le Livre que celui qui transformait le Livre en vérité était bien celui que le Livre annonçait, que chaque épisode de la Passion par où il donnait corps aux paroles des prophètes était bien prouvé par sa conformité avec ce que leurs écrits disaient en figures. Le Livre et le Corps indéfiniment devaient se confirmer l'un l'autre. Et les héritiers du Livre, sans fin, devaient en poursuivre la confirmation : par le retour infini du Livre sur lui-même, par le sacrement qui se surcharge de symboles pour confirmer l'identité du texte et du corps ou, à l'inverse, par le sacrifice qui va à l'extrême du dépouillement pour vouer un corps à la vérification de la lettre. En abandonnant les codes et les hiérarchies de la représentation, la littérature retrouve le cercle de l'incarnation qui avère le texte et du texte qui avère l'incarnation. Et cette dramaturgie renouvelée vient croiser le grand rêve du siècle : celui de la communauté vraie, incarnant, par-delà tout arrangement des droits et des intérêts, l'esprit vivant du collectif humain, la fête où un peuple témoigne de sa « transfiguration en vérité[101] ». Si la question du livre chez Mallarmé atteint sa plus grande radicalité, c'est que, plus que tout autre, il veut tenir sur une double exigence : il fait du poème la religion de l'avenir ; mais il refuse en même temps toute incarnation à cette religion et tout corps qui garantisse le poème : corps du sujet qu'il représente ou de la communauté qu'il anime. Le poème doit être « l'hymne, harmonie et joie, comme pur ensemble groupé dans quelque circonstance fulgurante, des relations entre tout ». Mais « l'homme chargé de voir divinement, en raison que le lien, à volonté, limpide, n'a d'expression qu'au parallélisme, devant son regard, de feuillets[102] ». La « preuve » de la littérature atteint alors sa radicalité dans le paradoxe de Mallarmé, qui peut s'énoncer ainsi : le poème doit contenir, dans la seule matérialité de son dispositif, l'incorporation qui le garantit. Sa forme doit être en même temps le corps et l'idée de son idée. Mais ce point dernier du sacre le reconduit peut-être, selon la prédiction de Hegel, à l'impasse du symbole : le navire dont la forme s'évanouit pour nous assurer qu'elle n'est pas celle d'un vulgaire navire, mais le pur tracé de l'idée ; l'idée qui, à l'inverse, affole la page de ses arabesques pour se faire le vaisseau du temps qui sombre et la scintillation de l'avenir que son couchant illumine.

L'ombre ici convoquée du vieil Hegel peut nous aider à comprendre ceci : le propre de l'entreprise de Mallarmé, de ce qu'elle accomplit ou manque sous le nom de littérature, ce n'est pas le choix de l'intransitivité : le texte refermé sur soi, enfermant son sens ou son absence de sens dans la clôture de ses mots, par opposition au langage instrumental de la communication. L'« intransitivité » n'est pas le statut moderne de l'œuvre. C'est au contraire son paradis perdu. C'est la statue grecque qui enfermait sans reste dans sa forme l'idée de son dieu. La « littérature » commence quand cette unité de la matière et de ce qu'elle dit est perdue, quand il faut la recréer et en faire la preuve. Elle commence, par exemple, avec le projet paradoxal de Flaubert : refaire intentionnellement l'œuvre de ces poètes-mondes qui ne savaient pas ce qu'ils faisaient. L'œuvre nouvelle, « le livre sur rien » doit être entièrement calculé pour s'identifier au pur miroir où se réfléchit le rapport inconscient du tout à lui-même. Le propre de la littérature est de devoir en dire plus qu'elle ne dit, plus que n'en peut dire aucun discours « émané de quelque bouche ». Le coup de génie – ou la supercherie – de Flaubert est d'identifier ce plus à un moins, d'égaler la « disparition élocutoire » du poète, et le supplément de l'écriture, au passage du vide – de l'infini –, qui sépare imperceptiblement l'ordonnance syntaxique de la phrase de ses habituels pouvoirs de signification. En identifiant l'accomplissement de l'idée à cette imperceptible vibration à la surface des signes, Flaubert peut le confondre avec l'accomplissement de la forme. Et cet arrangement poétique est aussi la manière dont se négocie le rapport politique entre l'exceptionnalité aristocratique de l'œuvre et de l'écrivain et la démocratie triomphant dans l'égalité de tout sujet avec tout autre et dans la diffusion à tous vents des romans.

Mallarmé refuse l'un et l'autre arrangement. Il doit alors inscrire dans le texte le supplément d'écriture corrélatif à la soustraction du poète, y faire voir cette unité de l'intention consciente et de la matière inconsciente, du hasard vaincu et du hasard irréductible, qui fait la preuve de la littérature. Mais il affronte aussi le paradoxe politique. Le poème doit être aristocratique, pas seulement « bien que » son auteur soit un bon démocrate, mais parce qu'il travaille pour les fêtes à venir d'une foule que l'arrangement social présent retient loin de sa gloire, entre la fosse du travail et l'urne électorale. C'est pour cela qu'il doit identifier sa fonction publique à une soustraction à tout public. À l'« épouvante » que suscite le sentiment des « qualités » requises par le livre qui doit avérer la chimère se mêle en effet l'autre peur : non pas la peur banale de l'artiste qui craint l'incompréhension et le rejet ; la peur inverse d'être trop bien accueilli par la gueule ouverte du monstre, trop vite compris dans son rôle de chantre de l'hymne, d'ordonnateur du culte nouveau d'une communauté célébrant « la divinité qu'elle sait être ». Et, de fait, quoi qu'en dise la fade rengaine du poète maudit, le siècle à venir n'entendra que trop bien la promesse du poème nouveau, ne saura que trop bien, avant de tuer les poètes, les utiliser pour chanter la guerre du droit ou de la force, l'homme nouveau ou le peuple rendu à son identité, la gloire de la machine et celle de la communauté : « dilution couleur électricité et peuple » de « l'archaïque outremer de ciels[103] ».

Hegel peignait gris sur gris le mouvement de l'esprit parvenant à la réconciliation de ses pouvoirs : la conscience de soi reconnaissant dans l'État sa volonté substantielle, dans la religion son essentialité idéale et dans la science son unité avec l'une et l'autre[104]. Mallarmé, qui voit cette belle conciliation encore loin devant nous peint et efface à la fois, dans le gris-bleu-rose du symbole, l'or des matins à venir. Il sait que, pour aider à leur éclosion, l'estampe du poème doit à la fois en dire plus qu'elle n'en dit et moins qu'elle n'en dit. Cette double contrainte suffit peut-être à rendre la parole rare et le poème difficile.

Choix de textes

N.B. Les références de pages renvoient à l'édition des Œuvres complètes (O.C.) dans la collection « Bibliothèque de la Pléiade », Gallimard, 1992 (1ʳᵉ éd. 1945).

Héritage I

Tout Orgueil fume-t-il du soir,
Torche dans un branle étouffée
Sans que l'immortelle bouffée
Ne puisse à l'abandon surseoir !

La chambre ancienne de l'hoir
De maint riche mais chu trophée
Ne serait pas même chauffée
S'il survenait par le couloir.

Affres du passé nécessaires
Agrippant comme avec des serres
Le sépulcre de désaveu,

Sous un marbre lourd qu'elle isole
Ne s'allume pas d'autre feu
Que la fulgurante console.

(*Poésies, O.C.*, p. 73.)

Au-delà de la Nature I

[...] Le double adjuvant aux Lettres, extériorité et moyen ont, envers un, dans l'ordre absolu, gradué leur influence.

La Nature –

La Musique –

Termes en leur acception courante de feuillage et de sons.

Repuiser, simplement, au destin.

La première en date, la nature, Idée tangible pour intimer quelque réalité aux sens frustes et, par compensation, directe, communiquait à ma jeunesse une ferveur que je dis passion comme, son bûcher, les jours évaporés en majestueux suspens, elle l'allume avec le virginal espoir d'en défendre l'interprétation au lecteur d'horizons. Toute clairvoyance, que, dans ce suicide, le secret ne reste pas incompatible avec l'homme, éloigne les vapeurs de la désuétude, l'existence, la rue. Aussi, quand mené par je comprends quel instinct, un soir d'âge, à la musique, irrésistiblement au foyer subtil, je reconnus, sans douter, l'arrière mais renaissante flamme, où se sacrifièrent les bosquets et les cieux ; là, en public, éventée par le manque du rêve qu'elle consume, pour en épandre les ténèbres comme plafond de temple.

Esthétiquement la succession de deux états sacrés, ainsi m'invitèrent-ils – primitif, l'un ou foncier, dense des matériaux encore (nul scandale que l'industrie l'en émonde ou le purifie) : l'autre, ardent, volatil dépouillement en traits qui se correspondent, maintenant proches la pensée, en plus que l'abolition de texte, lui soustrayant l'image. La merveille, selon une chronologie, d'avoir étagé la concordance ; et que, si c'est soi, un tel, poursuivi aux forêts, épars, jusqu'à une source, un concert aussi d'instrument n'exclue la notion : ce fantôme, tout de suite, avec répercussion de clartés, le même, au cours de la transformation naturelle en musicale identifié.

(« Bucolique », *O.C.*, p. 402-403.)

Au-delà de la nature II

[...] Mille secrets (histoire volage d'une soirée) se détachant du brouhaha fashionable, trouveront ici, avant de se confondre dans l'éclat de l'orchestre, un écho ; listes de danseurs perdues avec les fleurs effeuillées, programme du concert ou carte des dîneurs, composent, certes, une littérature particulière, ayant en soi l'immortalité d'une semaine ou de deux. Rien n'est à négliger de l'existence d'une époque : tout y appartient à tous. Un sourire ! mais il circule déjà, à peine formé, dans les salles aux lourdes portières, attendu, détesté, béni, remercié, jalousé ; extasiant, crispant ou apaisant les âmes ; et c'est en vain que l'éventail, qui crut d'abord le cacher, éperdu maintenant, tente de le ressaisir ou de dissiper son vol. Pardon ! cet épanouissement de vos deux lèvres, j'en noterai la grâce, à laquelle d'autres lèvres, suivant tout bas cette lecture, déjà s'essaient. Ainsi les choses, et justement : le monde n'a-t-il pas comme un droit de reprise sur la manifestation la plus profonde de nos instincts ? il la provoque, il l'affine. Tout s'apprend sur le vif, même la beauté, et le port de tête, on le tient de quelqu'un, c'est-à-dire de chacun, comme le port d'une robe. Fuir ce monde ? on en est ; pour la nature ? comme on la traverse à toute vapeur, dans sa réalité extérieure, avec ses paysages, ses lieues, pour arriver autre part : moderne image de son insuffisance pour nous ! Oui, si les plaisirs connus sous les lambris ayant cédé leur saison à des jeux du grand air : courses au bois et régates sur le fleuve, vous quittez encore et le bois et le fleuve, avides de reposer tout à fait vos yeux dans l'oubli causé par un horizon vaste et nu ; n'est-ce pas, certes, pour trouver une nouveauté de regard habile à goûter le paradoxe de toilettes ingénues et savantes, que l'Océan, au bas, brode de son écume ? Sans le moindre remords, apparu dans cette saison de vacance comme à son heure exacte d'apparaître, ce Journal s'interpose entre votre songerie et le double azur maritime et céleste : le temps de le feuilleter, et probablement de n'y point lire la *Présentation* de Votre Serviteur.

(La Dernière mode, O.C., p. 718-719.)

L'absente

J'avais beaucoup ramé, d'un grand geste net assoupi, les yeux au dedans fixés sur l'entier oubli d'aller, comme le rire de l'heure coulait alentour. Tant d'immobilité paressait que frôlé d'un bruit inerte où fila jusqu'à moitié la yole, je ne vérifiai l'arrêt qu'à l'étincellement stable d'initiales sur les avirons mis à nu, ce qui me rappela à mon identité mondaine.

Qu'arrivait-il, où étais-je ?

Il fallut, pour voir clair en l'aventure, me remémorer mon départ tôt, ce juillet de flamme, sur l'intervalle vif entre ses végétations dormantes d'un toujours étroit et distrait ruisseau, en quête des floraisons d'eau et avec un dessein de reconnaître l'emplacement occupé par la propriété de l'amie d'une amie, à qui je devais improviser un bonjour. Sans que le ruban d'aucune herbe me retînt devant un paysage plus que l'autre chassé avec son reflet en l'onde par le même impartial coup de rame, je venais échouer dans quelque touffe de roseaux, terme mystérieux de ma course, au milieu de la rivière : où tout de suite élargie en fluvial bosquet, elle étale un nonchaloir d'étang plissé des hésitations à partir qu'a une source.

L'inspection détaillée m'apprit que cet obstacle de verdure en pointe sur le courant, masquait l'arche unique d'un pont prolongé, à terre, d'ici et de là, par une haie clôturant des pelouses. Je me rendis compte. Simplement le parc de Madame.., l'inconnue à saluer.

[...]

Courbé dans la sportive attitude où me maintenait de la curiosité, comme sous le silence spacieux de ce que s'annonçait l'étrangère, je souris au commencement d'esclavage dégagé par une possibilité féminine : que ne signifiaient pas mal les courroies attachant le soulier du rameur au bois de l'embarcation, comme on ne fait qu'un avec l'instrument de ses sortilèges.

« — Aussi bien une quelconque.. » allais-je terminer.

Quand un imperceptible bruit me fit douter si l'habitante du bord hantait mon loisir, ou inespérément le bassin.

Le pas cessa, pourquoi ?

[...]

Connaît-elle un motif à sa station, elle-même la pro-
meneuse : et n'est-ce, moi, tendre trop haut la tête, pour
ces joncs à ne dépasser et toute la mentale somnolence
où se voile ma lucidité, que d'interroger jusque-là le
mystère.

« – À quel type s'ajustent vos traits, je sens leur pré-
cision, Madame, interrompre chose installée ici par le
bruissement d'une venue, oui ! ce charme instinctif d'en
dessous que ne défend pas contre l'explorateur la plus
authentiquement nouée, avec une boucle en diamant,
des ceintures. Si vague concept se suffit : et ne transgres-
sera le délice empreint de généralité qui permet et
ordonne d'exclure tous visages, au point que la révélation
d'un (n'allez point le pencher, avéré, sur le furtif seuil où
je règne) chasserait mon trouble, avec lequel il n'a que
faire. »

Ma présentation, en cette tenue de maraudeur aqua-
tique, je la peux tenter, avec l'excuse du hasard.

Séparés, on est ensemble : je m'immisce à de sa
confuse intimité, dans ce suspens sur l'eau où mon songe
attarde l'indécise, mieux que visite, suivie d'autres,
l'autorisera. Que de discours oiseux en comparaison de
celui que je tins pour n'être pas entendu, faudra-t-il,
avant de retrouver aussi intuitif accord que maintenant,
l'ouïe au ras de l'acajou vers le sable entier qui s'est tu !

La pause se mesure au temps de ma détermination.

Conseille, ô mon rêve, que faire ?

Résumer d'un regard la vierge absence éparse en cette solitude et, comme on cueille, en mémoire d'un site, l'un de ces magiques nénuphars clos qui y surgissent tout à coup, enveloppant de leur creuse blancheur un rien, fait de songes intacts, du bonheur qui n'aura pas lieu et de mon souffle ici retenu dans la peur d'une apparition, partir avec : tacitement, en déramant peu à peu sans du heurt briser l'illusion ni que le clapotis de la bulle visible d'écume enroulée à ma fuite ne jette aux pieds survenus de personne la ressemblance transparente du rapt de mon idéale fleur.

Si, attirée par un sentiment d'insolite, elle a paru, la Méditative ou la Hautaine, la Farouche, la Gaie, tant pis pour cette indicible mine que j'ignore à jamais ! car j'accomplis selon les règles la manœuvre : me dégageai, virai et je contournais déjà une ondulation du ruisseau, emportant comme un noble œuf de cygne, tel que n'en jaillira le vol, mon imaginaire trophée, qui ne se gonfle d'autre chose sinon de la vacance exquise de soi qu'aime, l'été, à poursuivre, dans les allées de son parc, toute dame, arrêtée parfois et longtemps, comme au bord d'une source à franchir ou de quelque pièce d'eau.

(« Le Nénuphar blanc », *O.C.*, p. 283-286.)

Les Importuns

Véritablement, aujourd'hui, qu'y a-t-il ?

L'escouade du labeur gît au rendez-vous mais vaincue. Ils ont trouvé, l'un après l'autre qui la forment, ici affalée en l'herbe, l'élan à peine, chancelant tous comme sous un projectile, d'arriver et tomber à cet étroit champ de bataille : quel sommeil de corps contre la motte sourde.

Ainsi vais-je librement admirer et songer.

Non, ma vue ne peut, de l'ouverture où je m'accoude, s'échapper dans la direction de l'horizon, sans que quelque chose de moi n'enjambe, indûment, avec manque d'égard et de convenance à mon tour, cette jonchée d'un fléau ; dont, en ma qualité, je dois comprendre le mystère et juger le devoir : car, contrairement à la majorité et beaucoup de plus fortunés, le pain ne lui a pas suffi – ils ont peiné une partie notable de la semaine, pour l'obtenir, d'abord ; et, maintenant, la voici, demain, ils ne savent pas, rampent par le vague et piochent sans mouvement – qui fait en son sort, un trou égal à celui creusé, jusqu'ici, tous les jours, dans la réalité des terrains (fondation, certes, de temple). Ils réservent, honorablement, sans témoigner de ce que c'est ni que s'éclaire cette fête, la part du sacré dans l'existence, par un arrêt, l'attente et le momentané suicide. La connaissance qui resplendirait – d'un orgueil inclus à l'ouvrage journalier, résister, simplement et se montrer debout – alentour magnifiée par une colonnade de futaie ; quelque instinct la chercha dans un nombre considérable, pour les déjeter ainsi, de petits verres et ils en sont, avec l'absolu d'un accomplissement rituel, moins officiants que victimes, à figurer, au soir, l'hébétement de tâches si l'observance relève de la fatalité plus que d'un vouloir.

Les constellations s'initient à briller : comme je voudrais que parmi l'obscurité qui court sur l'aveugle troupeau, aussi des points de clarté, telle pensée tout à l'heure, se fixassent, malgré ces yeux scellés ne les distinguant pas – pour le fait, pour l'exactitude, pour qu'il soit dit. Je penserai, donc, uniquement, à eux, les importuns, qui me ferment, par leur abandon, le lointain vespéral ; plus que, naguères, par leur tumulte. Ces artisans de tâches élémentaires, il m'est loisible, les veillant, à côté d'un fleuve limpide continu, d'y regarder le peuple – une intelligence robuste de la condition humaine leur courbe l'échine journellement pour tirer, sans l'intermédiaire du blé, le miracle de vie qui assure la présence : d'autres ont fait les défrichements passés et des aqueducs ou livreront un terre-plein à telle machine, les mêmes, Louis-Pierre, Martin, Poitou et le Normand, quand ils ne dorment pas, ainsi s'invoquent-ils selon les mères ou la province ; mais plutôt des naissances sombrèrent en l'anonymat et l'immense sommeil l'ouïe à la génératrice, les prostrant, cette fois, subit un accablement et un élargissement de tous les siècles et, autant cela possible – réduite aux proportions sociales, d'éternité.

(« Conflit », O.C., p. 358-360.)

L'animal chimérique

Une race, la nôtre, à qui cet honneur de prêter des entrailles à la peur qu'a d'elle-même, autrement que comme conscience humaine, la métaphysique et claustrale éternité, échut, puis d'expirer le gouffre en quelque ferme aboi dans les âges, serait, non, j'en ris, malgré ce traitement céleste, comme si de rien, ordinaire, indemne, vague ; parce qu'il ne reste trace, à une minute de posté-

119

rité – quand ne fleurit même pas la vie reconquise et native.

Tout au moins, pareil effacement sans que la volonté du début, après les temps, appelât, intimement comme elle frappe une solitude, l'esprit à résumer la sombre merveille –

Lequel préfère, en dédain des synthèses, égarer une recherche – vide s'il ne convient que l'ahurie, la banale et vaste place publique cède, aussi, à des injonctions de salut. Les plus directes peut-être ayant visité l'inconscience, les plus élémentaires : sommairement il s'agit, la Divinité, qui jamais n'est que Soi, où montèrent avec l'ignorance du secret précieuse pour en mesurer l'arc, des élans abattus de prières – au ras, de la reprendre, en tant que point de départ, humbles fondations de la cité, foi en chacun. Ce tracé par assises et une hauteur comme de trottoir, y descend la lueur, à portée, quotidienne du réverbère.

(« Catholicisme », O.C., p. 391.)

Héritage II

Je ne crois, du tout, rêver –

Une parité, des réminiscences liturgiques exclusivement notre bien propre ou originel, inscrites au seuil et de certains apparats, profanes, avoués, s'impose : cependant n'allez mal, conformément à une erreur chez des prédicants, élaver en je sais quelle dilution couleur électricité et peuple, l'archaïque outremer de ciels. Tout s'interrompt, effectif, dans l'histoire, peu de transfusion : ou le rapport consiste en ceci que les deux états auront existé, séparément, pour une confrontation par l'esprit. L'éternel, ce qui le parut, ne rajeunit, enfonce aux cavernes et se tasse : ni rien dorénavant, neuf, ne naîtra que de source.

Oublions –

Une magnificence se déploiera, quelconque, analogue à l'Ombre de jadis.

Alors s'en apercevra-t-on ou, du moins, y gardera-t-on la sympathie, qui m'angoisse : peut-être, pas ; et j'ai voulu, d'ici, quand ce n'est prêt, accouder le Songe à l'autel contre le tombeau retrouvé – pieux ses pieds à de la cendre. Le nuage autour exprès : que préciser.. Plus, serait entonner le rituel et trahir, avec rutilance, le lever de soleil d'une chape d'officiant, en place que le desservant enguirlande d'encens, pour la masquer, une nudité de lieu.

(« Catholicisme », *O.C.*, p. 394-395.)

Un droit méconnu

Notre seule magnificence, la scène, à qui le concours d'arts divers scellés par la poésie attribue selon moi quelque caractère religieux ou officiel, si l'un de ces mots a un sens, je constate que le siècle finissant n'en a cure, ainsi comprise ; et que cet assemblage miraculeux de tout ce qu'il faut pour façonner de la divinité, sauf la clair-voyance de l'homme, sera pour rien.

[...]

La scène est le foyer évident des plaisirs pris en commun, aussi et tout bien réfléchi, la majestueuse ouverture sur le mystère dont on est au monde pour envisager la grandeur, cela même que le citoyen, qui en aura idée, fonde le droit de réclamer à un État, comme compensation de l'amoindrissement social. Se figure-t-on l'entité gouvernante autrement que gênée (eux, les royaux pantins du passé, à leur insu répondaient par le muet boniment de ce qui crevait de rire en leur person-nage enrubanné ; mais de simples généraux maintenant) devant une prétention de malappris, à la pompe, au res-plendissement, à quelque solennisation auguste du Dieu qu'il sait être ! Après un coup d'œil regagne le chemin qui t'amena dans la cité médiocre et sans compter ta déception ni t'en prendre à personne, fais-toi, hôte pré-somptueux de l'heure, reverser par le train dans quelque coin de rêverie insolite ; ou bien reste, nulle part ne seras-tu plus loin qu'ici : puis commence à toi seul, selon la somme amassée d'attente et de songes, ta nécessaire représentation. Satisfait d'être arrivé dans un temps où le devoir qui lie l'action multiplie des hommes, existe mais à ton exclusion (ce pacte déchiré parce qu'il n'exhiba point de sceau).

(« Le genre ou des modernes », *O.C.*, p. 313-314.)

La traversée du tunnel

Extérieurement, comme le cri de l'étendue, le voyageur perçoit la détresse du sifflet. « Sans doute » il se convainc : « on traverse un tunnel – *l'époque* – celui, long le dernier, rampant sous la cité avant la gare toute puissante du virginal palais central, qui couronne. » Le souterrain durera, ô impatient, ton recueillement à préparer l'édifice de haut verre essuyé d'un vol de la Justice.

Le suicide ou abstention, ne rien faire, pourquoi ? – Unique fois au monde, parce qu'en raison d'un événement toujours que j'expliquerai, il n'est pas de Présent, non – un présent n'existe pas.. Faute que se déclare la Foule, faute – de tout. Mal informé celui qui se crierait son propre contemporain, désertant, usurpant, avec impudence égale, quand du passé cessa et que tarde un futur ou que les deux se remmêlent perplexement en vue de masquer l'écart. Hors des premier-Paris chargés de divulguer une foi en le quotidien néant et inexperts si le fléau mesure sa période à un fragment, important ou pas, de siècle.

Aussi garde-toi et sois là.

La poésie, sacre ; qui essaie, en de chastes crises isolément, pendant l'autre gestation en train.

Publie.

Le Livre, où vit l'esprit satisfait, en cas de malentendu, un obligé par quelque pureté d'ébat à secouer le gros du moment. Impersonnifié, le volume, autant qu'on s'en sépare comme auteur, ne réclame approche de lecteur. Tel, sache, entre les accessoires humains, il a lieu tout seul : fait, étant. Le sens enseveli se meut et dispose, en chœur, des feuillets.

Loin, la superbe de mettre en interdit, même quant aux fastes, l'instant : on constate qu'un hasard y dénie les matériaux de confrontation à quelques rêves ; ou aide une attitude spéciale.

Toi, Ami, qu'il ne faut frustrer d'années à cause que parallèles au sourd labeur général, le cas est étrange : je te demande, sans jugement, par manque de considérants soudains, que tu traites mon indication comme une folie je ne le défends, rare. Cependant la tempère déjà cette sagesse, ou discernement, s'il ne vaut pas mieux – que de risquer sur un état à tout le moins incomplet environnant, certaines conclusions d'art extrêmes qui peuvent éclater, diamantairement, dans ce temps à jamais, en l'intégrité du Livre – les jouer, mais et par un triomphal renversement, avec l'injonction tacite que rien, palpitant en le flanc inscient de l'heure, aux pages montré, clair, évident, ne la trouve prête ; encore que n'en soit peut-être une autre où ce doive illuminer.

(« L'action restreinte » *O.C.*, p. 371-373.)

Le rite de l'idée

Le ballet ne donne que peu : c'est le genre imaginatif. Quand s'isole pour le regard un signe de l'éparse beauté générale, fleur, onde, nuée et bijou, etc., si, chez nous, le moyen exclusif de le savoir consiste à en juxtaposer l'aspect à notre nudité spirituelle afin qu'elle le sente analogue et se l'adapte dans quelque confusion exquise d'elle avec cette forme envolée – rien qu'au travers du rite, là, énoncé de l'Idée, est-ce que ne paraît pas la danseuse à demi l'élément en cause, à demi humanité apte à s'y confondre, dans la flottaison de rêverie ? L'opération, ou poésie, par excellence et le théâtre. Immédiatement le ballet résulte allégorique : il enlacera autant qu'animera, pour en marquer chaque rythme, toutes corrélations ou Musique, d'abord latentes, entre ses attitudes et maint caractère, tellement que la représentation figurative des accessoires terrestres par la Danse contient une expérience relative à leur degré esthétique, un sacre s'y effectue en tant que la preuve de nos trésors. À déduire le point philosophique auquel est située l'impersonnalité de la danseuse, entre sa féminine apparence et un objet mimé, pour quel hymen : elle le pique d'une sûre pointe, le pose ; puis déroule notre conviction en le chiffre de pirouettes prolongé vers un autre motif, attendu que tout, dans l'évolution par où elle illustre le sens de nos extases et triomphes entonnés à l'orchestre, est, comme le veut l'art même, au théâtre, *fictif ou momentané.*

(« Crayonné ou théâtre », *O.C.*, p. 295-296.)

Théorie du vers I

[...] avant le heurt d'aile brusque et l'emportement, on a pu, cela est même l'occupation de chaque jour, posséder et établir une notion du concept à traiter, mais indéniablement pour l'oublier dans sa façon ordinaire et se livrer ensuite à la seule dialectique du Vers. Lui en rival jaloux, auquel le songeur cède la maîtrise, il ressuscite au degré glorieux ce qui, tout sûr, philosophique, imaginatif et éclatant que ce fût, comme dans le cas présent, une vision céleste de l'humanité ! ne resterait, à son défaut que les plus beaux discours émanés de quelque bouche. À travers un nouvel état, sublime, il y a recommencement des conditions ainsi que des matériaux de la pensée sis naturellement pour un devoir de prose : comme des vocables, eux-mêmes, après cette différence et l'essor au delà, atteignant leur vertu.

[...]

Ainsi lancé de soi le principe qui n'est – que le Vers ! attire non moins que dégage pour son épanouissement (l'instant qu'ils y brillent et meurent dans une fleur rapide, sur quelque transparence comme d'éther) les mille éléments de beauté pressés d'accourir et de s'ordonner dans leur valeur essentielle. Signe ! au gouffre central d'une spirituelle impossibilité que rien soit exclusivement à tout, le numérateur divin de notre apothéose, quelque suprême moule n'ayant pas lieu en tant que d'aucun objet qui existe : mais il emprunte, pour y aviver un sceau tous gisements épars, ignorés et flottants selon quelque richesse, et les forger.

Voilà, constatation à quoi je glisse, comment, dans notre langue, les vers ne vont que par deux ou à plusieurs, en raison de leur accord final, soit la loi mystérieuse de la Rime, qui se révèle avec la fonction de gardienne et d'empêcher qu'entre tous, un usurpe, ou ne demeure péremptoirement : en quelle pensée fabriqué celui-là ! peu m'importe, attendu que sa matière discutable aussitôt, gratuite, ne produirait de preuve à se tenir dans un équilibre momentané et double à la façon du vol, identité de deux fragments constitutifs remémorée extérieurement par une parité dans la consonance.

(« Solennité », *O.C.*, p. 332-333.)

Théorie du vers II

Une dentelle s'abolit
Dans le doute du Jeu suprême
À n'entr'ouvrir comme un blasphème
Qu'absence éternelle de lit.

Cet unanime blanc conflit
D'une guirlande avec la même,
Enfui contre la vitre blême
Flotte plus qu'il n'ensevelit.

Mais, chez qui du rêve se dore
Tristement dort une mandore
Au creux néant musicien

Telle que vers quelque fenêtre
Selon nul ventre que le sien,
Filial on aurait pu naître.

(*Poésies, O.C.*, p. 74.)

Théorie du Livre

Tout, la polyphonie magnifique instrumentale, le vivant geste ou les voix des personnages et de dieux, au surplus un excès apporté à la décoration matérielle, nous le considérons, dans le triomphe du génie, avec Wagner, éblouis par une telle cohésion, ou un art, qui aujourd'hui devient la poésie : or va-t-il se faire que le traditionnel écrivain de vers, celui qui s'en tient aux artifices humbles et sacrés de la parole, tente, selon sa ressource unique subtilement élue, de rivaliser ! Oui, en tant qu'un opéra sans accompagnement ni chant, mais parlé ; maintenant le livre essaiera de suffire, pour entr'ouvrir la scène intérieure et en chuchoter les échos. Un ensemble versifié convie à une idéale représentation : des motifs d'exaltation ou de songe s'y nouent entre eux et se détachent, par une ordonnance et leur individualité. Telle portion incline dans un rythme ou mouvement de pensée, à quoi s'oppose tel contradictoire dessin : l'un et l'autre, pour aboutir et cessant, où interviendrait plus qu'à demi comme sirènes confondues par la croupe avec le feuillage et les rinceaux d'une arabesque, la figure, que demeure l'idée. Un théâtre, inhérent à l'esprit, quiconque d'un œil certain regarda la nature le porte avec soi, résumé de types et d'accords ; ainsi que les confronte le volume ouvrant des pages parallèles. Le précaire recueil d'inspiration diverse, c'en est fait : ou du hasard, qui ne doit, et pour sous-entendre le parti pris, jamais qu'être simulé. Symétrie, comme elle règne en tout édifice, le plus vaporeux, de vision et de songes. La jouissance vaine cherchée par feu le Rêveur-roi de Bavière dans une solitaire présence aux déploiements scéniques, la voici, à l'écart de la foule baroque moins que sa vacance aux gradins, atteinte par le moyen ou restaurer le texte, nu, du spectacle. Avec deux pages et leurs vers, je supplée, puis l'accompagnement de tout moi-même, au monde ! ou j'y perçois, discret, le drame.

(« Planches et feuillets », *O.C.*, p. 328.)

Adieu

Mes bouquins refermés sur le nom de Paphos,
Il m'amuse d'élire avec le seul génie
Une ruine, par mille écumes bénie
Sous l'hyacinthe, au loin, de ses jours triomphaux.

Coure le froid avec ses silences de faux,
Je n'y hululerai pas de vide nénie
Si ce très blanc ébat au ras du sol dénie
À tout site l'honneur du paysage faux.

Ma faim qui d'aucuns fruits ici ne se régale
Trouve en leur docte manque une saveur égale :
Qu'un éclate de chair humain et parfumant !

Le pied sur quelque guivre où notre amour tisonne,
Je pense plus longtemps peut-être éperdûment
À l'autre, au sein brûlé d'une antique amazone.

(*Poésies, O.C.*, p. 76.)

Notes

1. Cf. Charles Chassé, *Les Clefs de Mallarmé*, Aubier, 1954.

2. Cf. « Victorieusement fui le suicide beau », *Œuvres complètes* (= *O.C.*), Gallimard, coll.« Bibl. de la Pléiade », 1945 ; dernière rééd. 1992, p. 68.

3. *O.C.*, p. 74.

4. Maurice Blanchot, *L'Espace littéraire*, Gallimard, 1955.

5. Lettre à Cazalis, 3 mars 1871, in *Correspondance*, Gallimard, 1959, t. I, p. 342.

6. « Sauvegarde », *O.C.*, p. 420.

7. *O.C.*, p. 76.

8. *La Musique et les Lettres*, *O.C.*, p. 648.

9. Préface de *Un coup de dés jamais n'abolira le hasard*, *O.C.*, p. 455.

10. *La Musique et les Lettres*, *O.C*, p. 647.

11. *La Dernière Mode*, *O.C.*, p. 719 et 732.

12. « Bucolique », *O.C.*, p. 403.

13. « Crise de vers », *O.C.*, p. 366.

14. *O.C.*, p. 27.

15. « Crayonné au théâtre », *O.C.*, p. 298.

16. *Ibid.*, p. 294.

17. Cf. « Le Mystère dans les Lettres », *O.C.*, p. 383.

18. « La Cour », *O.C.*, p. 414.

19. « L'action restreinte », *O.C.*, p. 373.

20. Lettre à Léo d'Orfer, 27 juin 1884.

21. Cf. « Bucolique », p. 404, et *La Musique et les Lettres*, p. 647.

22. Lettre à Léo d'Orfer, 27 juin 1884.

23. « Solennité », *O.C.*, p. 333.

24. *La Musique et les Lettres, O.C.*, p. 647.

25. « Ballets », *O.C.*, p. 302.

26. « Quand l'ombre menaça de la fatale loi / Tel vieux Rêve, désir et mal de mes vertèbres, / Affligé de périr sous des plafonds funèbres / Il a ployé son aile indubitable en moi », *O.C.*, p. 67.

27. *La Musique et les Lettres, O.C.*, p. 647.

28. « Un spectacle interrompu », *O.C.*, p. 277.

29. *Ibid.*

30. « Prose », *O.C.*, p. 56.

31. « Un spectacle interrompu », *O.C.*, p. 278.

32. « Planches et feuillets », *O.C.*, p. 328.

33. « Hamlet », *O.C.*, p. 300.

34. « Les Fleurs », *O.C.*, p. 33.

35. « Le nénuphar blanc », *O.C.*, p. 283-286.

36. *O.C.*, p. 74.

37. « Las de l'amer repos », *O.C.*, p. 35-36.

38. « Prélude à l'après-midi d'un Faune », *O.C.*, p. 51.

39. « Toast funèbre », *O.C.*, p. 55.

40. *O.C.*, p. 67-69.

41. « Sonnet d'inauguration du théâtre de Valvins », *O.C.*, p. 182.

42. « La déclaration foraine », *O.C.*, p. 282.

43. Lettre à Gustave Kahn, 13 janvier 1881.

44. *La Musique et les Lettres, O.C.*, p. 647.

45. *Ibid.*

46. « Autre éventail », *O.C.*, p. 58.

47. *Mallarmé et le Drame solaire*, José Corti, 1959.

48. Cf. *Les Dieux antiques, O.C.*, p. 1159-1280.

49. La lecture de ce poème proposée ici prend évidemment en compte, sans pour autant la suivre ni chercher spécifiquement à la contredire, l'interprétation philosophique proposée par Alain

Badiou sur la base de l'exégèse de Gardner Davies (voir la bibliographie en fin de volume).

50. « Prose », *O.C.*, p. 56.

51. « Catholicisme », *O.C.*, p. 391.

52. *Ibid.*, p. 394.

53. « La Cour », *O.C.*, p. 414 et « Villiers de l'Isle Adam », *O.C.*, p. 499.

54. « Villiers de l'Isle Adam », *O.C.*, p. 499-500.

55. Cf. J. Rancière, *La Nuit des prolétaires*, Fayard, 1981.

56. *O.C.*, p. 355-360.

57. *O.C.*, p. 409-412.

58. « Conflit », *O.C.*, p. 359.

59. « Catholicisme », *O.C.*, p. 394.

60. « Bucolique », *O.C.*, p. 401.

61. Cf. Jean-Paul Sartre, *Mallarmé, la lucidité et sa face d'ombre*, Gallimard, 1986.

62. « Or », *O.C.*, p. 398.

63. « Solitude », *O.C.*, p. 408.

64. « Sur l'évolution littéraire », *O.C.*, p. 869.

65. « Le genre ou des modernes », *O.C.*, p. 318.

66. « L'action restreinte », *O.C.*, p. 372.

67. « Étalages », *O.C.*, p. 376.

68. *O.C.*, p. 388-397.

69. « Plaisir sacré », *O.C.*, p. 388.

70. « Bucolique », *O.C.*, p. 403.

71. « Plaisir sacré », *O.C.*, p. 388.

72. « Le genre ou des modernes », *O.C.*, p. 314.

73. « Richard Wagner. Rêverie d'un poète français », *O.C.*, p. 542.

74. « Catholicisme », *O.C.*, p. 393.

75. « Crise de vers », *O.C.*, p. 367.

76. « Plaisir sacré », *O.C.*, p. 389.

77. « Hommage », *O.C.*, p. 71.

78. « Richard Wagner. Rêverie d'un poète français », *O.C.*, p. 543.

79. *Ibid.*, p. 544.

80. *Ibid.*, p. 545.

81. « Crise de vers », *O.C.*, p. 367-368.

82. « Crise de vers », *O.C.*, p. 367.

83. « Sur Poe », *O.C.*, p. 872.

84. Lettre à Edmund Gosse, 10 janvier 1893.

85. *Ibid.*

86. « Solennité », *O.C.*, p. 332.

87. « Crise de vers », *O.C.*, p. 366.

88. « Crise de vers », *O.C.*, p. 365.

89. « Ballets », *O.C.*, p. 304.

90. *Ibid.*

91. *Ibid.*, p. 306.

92. Jacques Derrida, *La Dissémination*, Seuil, 1972.

93. « Le Mystère dans les Lettres », *O.C.*, p. 386.

94. *La Musique et les Lettres, O.C.*, p. 654.

95. « Crayonné au théâtre », *O.C.*, p. 298.

96. *Un coup de dés jamais n'abolira le hasard, O.C.*, p. 477.

97. « Crayonné au théâtre », *O.C.*, p. 296.

98. *Un coup de dés jamais n'abolira le hasard, O.C.*, p. 477.

99. *Variété II*, Gallimard, 1930, p. 194-199.

100. Lettres à André Gide, 14 mai 1897, et Camille Mauclair, 8 octobre 1897.

101. « L'action restreinte », *O.C.*, p. 371.

102. « Le Livre, instrument spirituel », *O.C.*, p. 378.

103. « Catholicisme », *O.C.*, p. 394.

104. Cf. *Principes de la philosophie du droit*, § 359.

Bibliographie

1. Textes de Mallarmé

Œuvres complètes, texte établi par Henri Mondor et G. Jean Aubry, Gallimard, coll. « Bibl. de la Pléiade », 1945 (dernière rééd. 1992).

Œuvres complètes, édition critique présentée par Carl-Paul Barbier et Charles Gordon Millan, Flammarion, 1983, t. I, *Poésies.*

Poésies, texte établi et présenté par Lloyd James Austin, Garnier-Flammarion, 1989.

Igitur, Divagations, Un coup de dés, préface d'Yves Bonnefoy, Gallimard, coll. « Poésie », 1976.

Correspondance, recueillie, classée et annotée par Henri Mondor, avec la collaboration de Jean-Pierre Richard, Gallimard, 1959-1985, 11 vol.

Correspondance, Lettres sur la poésie, édition établie et annotée par Bertrand Marchal, préface d'Yves Bonnefoy, Gallimard, coll. « Folio », 1995 (contient le vol. I de la *Correspondance,* « 1862-

1871 », augmenté d'une sélection de textes empruntés aux autres volumes).

2. Fragments et documents

Le « Livre » de Mallarmé, publié et présenté par Jacques Schérer, Gallimard, 1957 (nouvelle éd. 1977).

Les Noces d'Hérodiade, publié et présenté par Gardner Davies, Gallimard, 1959.

Pour un tombeau d'Anatole, publié et présenté par Jean-Pierre Richard, Le Seuil, 1961.

Documents Mallarmé, présentés par Carl-Paul Barbier, Nizet, 1968-1980, 7vol.

3. Livres consacrés à Mallarmé

BERNARD Suzanne, *Mallarmé et la Musique*, Nizet, 1959.

CAMPION Pierre, *Mallarmé, poésie et philosophie*, PUF, 1994.

DAVIES Gardner, *Vers une explication rationnelle du « Coup de dés »*, José Corti, 1953.

— , *Mallarmé et le Drame solaire*, José Corti, 1959.

KRAVIS Juddy, *The Prose of Mallarmé*, Cambridge University Press, 1976.

MARCHAL Bertrand, *Lecture de Mallarmé*, José Corti, 1985.

— , *La Religion de Mallarmé*, José Corti, 1988.

MICHAUD Guy, *Mallarmé*, nouvelle éd., Hatier, 1971.

MONDOR Henri, *Vie de Mallarmé*, Gallimard, 1943.

RICHARD Jean-Pierre, *L'Univers imaginaire de Mallarmé*, Le Seuil, 1961.

SCHÉRER Jacques, *Grammaire de Mallarmé*, Nizet, 1977.

STANGUENNEC André, *Mallarmé et l'Éthique de la poésie*, Vrin, 1992.

4. Ouvrages partiellement consacrés à Mallarmé

BADIOU Alain, *L'Être et l'Événement*, Le Seuil, 1988.

– , *Conditions*, Le Seuil, 1993.

BLANCHOT Maurice, *L'Espace littéraire*, Gallimard, 1955.

– , *Le Livre à venir*, Gallimard, 1959.

DERRIDA Jacques, *La Dissémination*, Le Seuil, 1972.

LACOUE-LABARTHE Philippe, *Musica ficta (Figures de Wagner)*, Christian Bourgois, 1991.

SZONDI Peter, *Poésies et Poétiques de la modernité*, Presses universitaires de Lille, 1981.

VALÉRY Paul, *Variétés II*, Gallimard, 1930.

Table

« Coup double »
Collection dirigée par Benoît Chantre

Alain Badiou, *Beckett*
Yves Battistini, *Sapphô*
Pierre-Marc de Biasi, *Flaubert*
Alain Bonfand, *Paul Klee*
Alain Bonfand et Jean-Luc Marion, *Hergé*
Pierre Boutang, *La Fontaine*
Olivier Mongin, *Buster Keaton*
Jean-Michel Palmier, *Ernst Jünger*
Jacques Rancière, *Mallarmé*

À paraître en 1996 :
Marianne Alphant, *Pascal*
Alain Badiou, *Gilles Deleuze*
Jacques Bersani, *Chateaubriand*
Roger Dadoun, *Marcel Duchamp*
Jean-Luc Marion, *Descartes*
Jean-Luc Nancy, *Hegel*
Natacha Michel, *Giraudoux*
Sydney Picasso, *Picasso*
Marc Richir, *Melville*

Cet ouvrage a été composé par
PARIS PHOTOCOMPOSITION